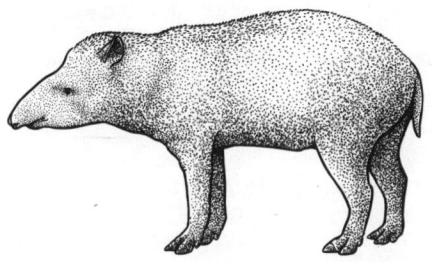

Kara Kinney Cartwright

DEIXE
DE SER
BABACA!

UM GUIA SURPREENDENTEMENTE
NECESSÁRIO PARA SER UM CARA LEGAL

PREFÁCIO DE FABRÍCIO CARPINEJAR

TRADUÇÃO: ALEXANDRE MARTINS

AGIR

Título original: *Just Don't Be an Assh*le: a Surprisingly Necessary Guide to Being a Good Guy*

© 2020 by Kara Kinney Cartwright

Tradução publicada mediante acordo com Rodale Books, um selo da Random House, uma divisão da Penguin Random House LLC.

Direitos de edição da obra em língua portuguesa no Brasil adquiridos pela Agir, selo da EDITORA NOVA FRONTEIRA PARTICIPAÇÕES S.A. Todos os direitos reservados. Nenhuma parte desta obra pode ser apropriada e estocada em sistema de banco de dados ou processo similar, em qualquer forma ou meio, seja eletrônico, de fotocópia, gravação etc., sem a permissão do detentor do copirraite.

EDITORA NOVA FRONTEIRA PARTICIPAÇÕES S.A.
Rua Candelária, 60 — 7ª andar — Centro — 20091-020
Rio de Janeiro — RJ — Brasil
Tel.: (21) 3882-8200

Dados Internacionais de Catalogação na Publicação (CIP)
(Câmara Brasileira do Livro, SP, Brasil)

Cartwright, Kara Kinney
    Deixe de ser babaca!: um guia surpreendentemente necessário para ser um cara legal / Kara Kinney Cartwright; [tradução Alexandre Martins; prefácio Fabrício Carpinejar. – Rio de Janeiro: Nova Fronteira, 2020.

Título original: *Just don't be an assh*le: a surprisingly necessary guide to being a good guy*

184 p.

ISBN 978-85-2200-732-5

1. Autoconhecimento (Psicologia) 2. Autorrealização 3. Homens - Conduta de vida I. Título.

20-43954   CDD-155.632

Índices para catálogo sistemático:
1. Homens: Psicologia 155.632
Cibele Maria Dias – Bibliotecária – CRB-8/9427

Eu sou uma mãe com um propósito, e embora espere que este livro ajude a salvar o mundo dos babacas, ele é baseado nas minhas próprias experiências, e minha opinião de modo algum substitui cuidados médicos, terapia, assessoria jurídica, conhecimento científico, bom senso ou qualquer outra coisa que sua mãe lhe ensinou. Caso você precise de ajuda, busque uma pessoa qualificada; na vida real, cara a cara. Amigos, parentes e vizinhos: caso se identifiquem com este livro, peço desculpas por dar essa impressão. Por favor, eu garanto que provavelmente não diz respeito a vocês.

Realmente há **muitos** babacas por aí.

Dedicado aos meus caras legais.

SUMÁRIO

UM RECADO LITERAL / 11

INTRODUÇÃO / 13

DEIXE DE SER BABACA...

1 / NA ESCOLA
17

2 / COM OS SEUS AMIGOS
33

3 / COM A SUA FAMÍLIA
49

4 / NO TRABALHO
67

5 / AO ANDAR POR AÍ
83

6 / COM AS MULHERES
101

7 / NO MUNDO
123

8 / NA INTERNET
143

9 / CONSIGO MESMO
159

10 / SIMPLESMENTE NÃO SEJA
171

AGRADECIMENTOS / 179

UM RECADO LITERAL

Fabrício Carpinejar

Nunca ninguém foi tão direto com os adolescentes, sem medo da sinceridade, sem artifícios, sem eufemismos.
Deixe de ser babaca!, de Kara Kinney Cartwright, põe o pingo no i na omissão com a educação de nossos jovens.
Todo filho deveria ler. Todo pai deveria sublinhar.
É um manual de prevenção ao ostracismo social, que começa quando alguém se sujeita ao que a turma deseja para obter provisória e efêmera aprovação.
Melhor ser influente a ser popular na escola. Melhor uma solidão verdadeira do que dispor de companhias falsas. O tempo ajuda a longo prazo quem não cedeu aos caprichos dos grupos, quem não vendeu os seus ideias para conquistar uma namorada ou namorado ou arrancar urros dos colegas bêbados numa festa. O futuro dependerá do que foi feito no passado.
Ouvir a voz da consciência é exercer uma cidadania consigo mesmo.
Cartwright vai além do decoro de perceber o instante de sair educadamente de uma festa, demonstra de que forma a boçalidade por não cuidar do seu próprio lixo emocional pode trazer danos irremediáveis.
Liberdade não é inconsequência, anote aí. São condicionamentos e reflexos que atingem integralmente um temperamento. Aquele que joga uma latinha de cerveja no chão também falará grosserias ao vento. As atitudes estão interligadas numa postura de desdém e egoísmo.

A vida não é somente nossa para ser usada do jeito que quisermos, requer que seja cuidada, guardada, preservada ao próximo. O ideal coletivo salva as individualidades da autodestruição.

Não há diferença entre ser ativo ou passivo na falha. Dar cola ou pedir cola numa prova têm igual peso. Ambos vêm ignorando as regras.

Deixe de ser babaca! é uma advertência literal, no combate ao machismo e ao racismo, na defesa da diversidade do pensamento e na garantia de igualdade de condições a todos.

"Não mime os seus defeitos" parece ser a tônica da leitura. Qualquer um pode ser legal antes de arrependimentos disfuncionais, nunca maltratando quem se encontra em desvantagem, sempre perguntando o que há por detrás de conspirações, examinando os cenários de amizade, vendo se ela não é oportunista.

Não sabe diferenciar a lealdade artificial da legítima? A obra traz uma série de mapas, diagnósticos e organogramas para estudar hipóteses e se prevenir de situações embaraçosas e dilemáticas.

Amigo falso é quando a pessoa se mostra muito mais interessada em ter companhia para dividir a culpa e aumentar as suas possibilidades de se safar. Não existe afeição honesta no recrutamento de álibis.

Fui vítima de bullying na adolescência, porém jamais precisei carregar o trauma até a minha consciência adulta de alguma injustiça.

Trinta anos depois do ensino médio, um colega me telefonou pedindo desculpa por um apelido que me deu. Repare só os efeitos colaterais da maldade. Três décadas depois ele ainda estava se remoendo de culpa.

Estar do lado errado tem um preço a pagar, bem parcelado, com os juros da inadaptação sentimental. Estar do lado certo resulta em valor inegociável. E paz invejável de espírito.

INTRODUÇÃO

B OAS NOTÍCIAS! SE ALGUÉM LHE DEU ESTE LIVRO É PORQUE VOCÊ PROVAvelmente não é um completo babaca — ainda. Uma pessoa generosa e muito inteligente acha que você tem potencial para ser um cara legal e quer garantir que não se torne oficialmente um babaca em toda a sua plenitude.[1]

Talvez tenham sido seus pais, na esperança de que você tome jeito e tenha uma vida produtiva (isto é, que saia da casa deles). Talvez tenha sido um amigo da família ou um parente que se lembra com carinho de como você era gentil antes que a puberdade o transformasse em uma bola explosiva de fúria adolescente. Talvez tenha sido "só uma amiga", que quis fazer uma brincadeira, mas secretamente acreditando que você tem potencial para virar um namorado. Independentemente de quem tenha sido, essa pessoa se importa com você e deseja lhe dar um empurrãozinho na direção certa. Não seja um babaca com isso.

Se você mesmo comprou o livro, estou cem por cento certa de que não é um cretino completo. Até ganhou alguns pontos extras de cara legal por autoconhecimento, pois entendeu que, no fundo, possivelmente tem algumas tendências babacas.

Por exemplo, alguma vez você:

- ⊘ Recebeu uma falta técnica em um jogo de basquete entre amigos?

- ⊘ Devolveu o carro da família com apenas duas gotas de gasolina no tanque?[2]

---

[1] Não precisamos de mais nenhum desses, muito obrigada.
[2] Algumas pessoas aqui têm horário para chegar no trabalho, sabe?

🚫 Transou com alguém e depois fingiu não conhecer a pessoa?

🚫 Mandou um foda-se em uma conversa e só depois percebeu que vizinhos fora da sua roda o ouviram em alto e bom som?[3]

🚫 Achou que seria hilário imitar alguém de outra raça ou etnia?

🚫 Estragou algo importante e ficou decepcionado?

Não sei como lhe dizer isso de forma mais gentil: essas não são coisas que caras legais fazem. Essas são coisas que babacas fazem. Mas você pode estar cercado de tantos babacas que não sabe mais qual é o comportamento de um cara legal. É verdade que a nossa sociedade envia mensagens realmente confusas sobre "como ser homem". Mas aposto que alguém em sua vida tem tentado alertá-lo sobre o seu comportamento e você, bem, não entendeu nada. Felizmente, não é tarde demais para dar um jeito nas coisas: não se cerque de cafajestes. Tome as suas próprias decisões, aprenda a identificar os sinais que as pessoas estão enviando. Em outras palavras, simplesmente não seja um babaca.

O comportamento babaca certamente pode ser atraente em determinado momento. É engraçado (para você), fácil (para você) e não exige reflexão (de sua parte). Mas se você já precisou gaguejar um pedido de desculpas, inventar uma justificativa patética para si mesmo, ou se já ficou surpreso com um revés inesperado (mais uma vez, apenas para você) depois de uma babaquice, então talvez esteja brotando em seu lobo frontal ainda em desenvolvimento a ideia de que levar a vida sendo um babaca não é tão divertido quanto parece. Você não quer terminar permanentemente como um babaca incorrigível. Por que não? Para simplificar, o cara legal em geral se dá melhor e, a longo prazo, é mais fácil ser legal.

Quão fácil? Basicamente há apenas uma regra, e não é exatamente muito difícil:

Regra nº 1. Para não ser um babaca você precisa compreender que há outros seres humanos no mundo.

É sobre isso que diz respeito tudo neste livrinho. Para não ser um babaca, apenas lembre-se de que as pessoas que *não* são você também são seres humanos. Mais uma vez: as outras pessoas de fato são *pessoas*.[4]

---

[3] Se as pessoas ficam chocadas com o seu comportamento, esse é um sinal de que o que você faz não é coisa boa.

[4] Eu não inventei isso, caso você esteja se perguntando. As pessoas mais velhas — vamos chamá-las de os Velhos — se referem a isso como a Regra de Ouro: Não faça aos outros blá-blá-blá... (Você parou de ler esta nota de rodapé em "aos", não foi?)

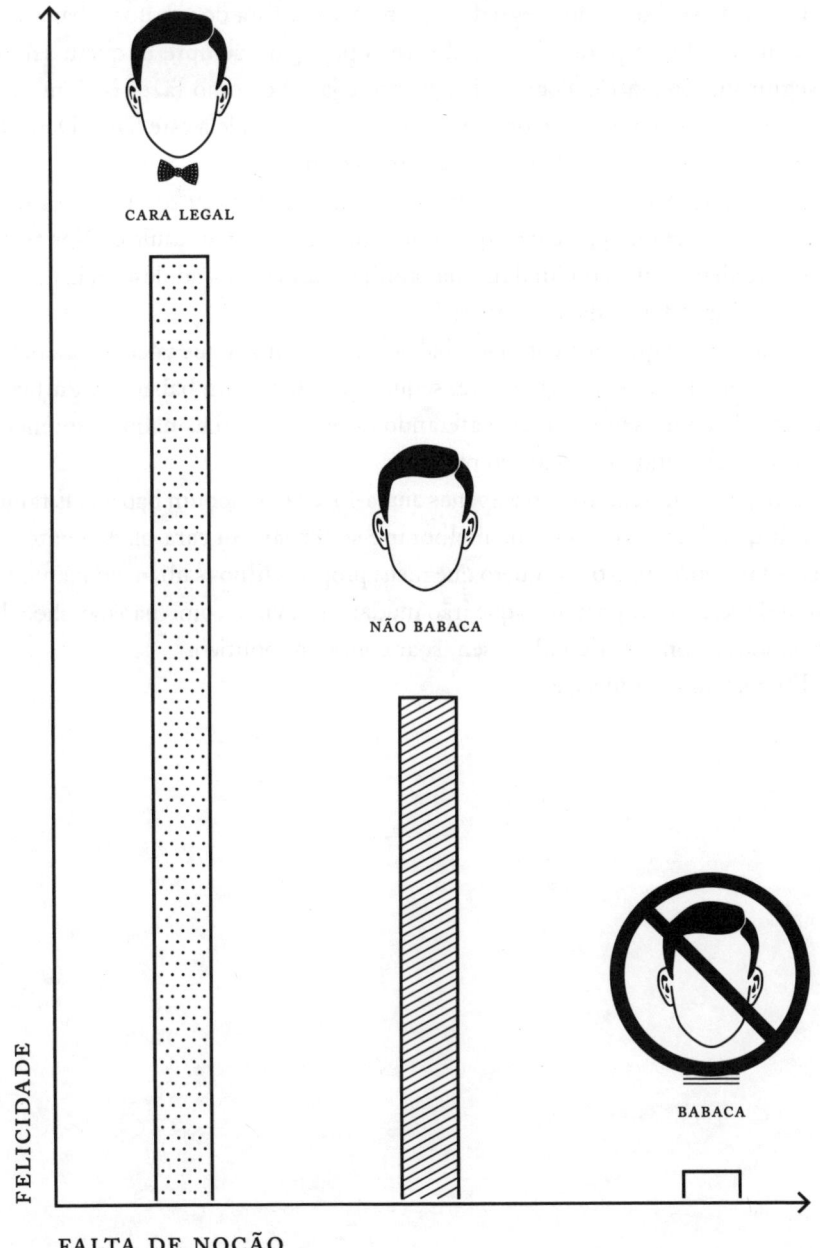

IMAGEM 1: *Por que você deveria se mancar.*

Pois é. Esse é o grande segredo para se manter fora do território babaca, não acabar morando no porão da casa dos seus pais para sempre e, quem sabe, até conseguir um encontro. Você pode *achar* que já sabe como fazer isso, mas, pelo seu próprio bem — pelo bem de todos nós —, por favor, leia este livro. Depois leia novamente. Ele é curto. Além disso, há gráficos úteis.

Por que você deveria me escutar? Veja a Regra nº 1: eu sou uma pessoa. Eu também sou mãe de dois jovens que acabaram de se tornar adultos. Nós tivemos nossos problemas, mas no final minha família sobreviveu à adolescência dos meus filhos sem incendiar toda a vizinhança.[5]

Então, eu sei que agir como um babaca não significa que você é uma má pessoa. Não significa, necessariamente, sequer que você é um babaca. Significa que não entende como seu jeitão está afetando as outras pessoas naquele momento e como isso vai afetar você a longo prazo.

O objetivo deste livro não é apenas ajudá-lo a evitar ser um babaca. É também mostrar quão perto você está de melhorar e se tornar um cara plenamente legal. Vou contar a você tudo o que quero que meus próprios filhos saibam enquanto caem no mundo. Coisas importantes que irão mudar a sua vida, como não dar chocolates vagabundos e como se desculpar sem soar como um político.

Então, vamos começar?

---

5 Olá, vizinhos, me desculpem por todos aqueles gritos e portas batendo. Já acabou. Ou quase.

1

DEIXE DE SER BABACA NA ESCOLA

DEIXE
DE SER
BABÁ NA
ESCOLA

A ESCOLA É ONDE VOCÊ PASSA, PROVAVELMENTE, A MAIOR PARTE DO SEU tempo, então há uma grande chance de que seja a principal responsável pelo seu comportamento babaca. Eu posso entender o motivo. Aulas entediantes. Provas inúteis. Regras arbitrárias. E há a pressão para ter sucesso, com seus pais e seus professores o lembrando constantemente de que O SEU FUTURO está em jogo.

Adicione a isso um bando de adolescentes cheios de hormônios tentando descobrir quem são, e você tem uma espécie de experiência social sendo feita dentro de uma prisão. O tempo inteiro tudo basicamente está a um *post* nas redes sociais de gerar uma mobilização pública.[1]

Mas a questão é a seguinte: não há como fugir disso. Você tem de ir à escola. Tem de comparecer e assistir às aulas até que eles lhe deem um diploma. Por quê? Porque todos os empregadores estão procurando realizadores, não desistentes. Se você tem a pretensão de conseguir algum tipo de vida adulta, precisa se formar. Caso se forme, poderá conseguir um emprego. Conseguindo um emprego, terá dinheiro. Tendo dinheiro, poderá algum dia sair de casa. Morar na casa dos pais e deixar que sua mãe lave as suas cuecas pode parecer uma boa agora, mas em algum momento você irá enfrentar a realidade de que essa **não** é a forma mais fácil de conseguir um encontro.

---

1 E eu estou falando de mobilizações com ancinhos e archotes, não de uma adorável mobilização reunida para um *flash mob*.

PENSE POR CONTA PRÓPRIA, PÔ

A ESCOLA É chata, e coisas ruins acontecem quando garotos ficam entediados. Alguém tem uma péssima ideia, dois outros caras acham isso hilariante, e então, antes que você se dê conta, o bando inteiro está correndo na direção de problemas totalmente previsíveis e suas consequências dolorosamente óbvias, variando de ficar de castigo depois das aulas até "isso ficará para sempre em seu registro".

Esses caras não são necessariamente babacas. Um bando normalmente inclui uma combinação de babacas e não babacas, embora os percentuais possam variar. O que sempre falta nos bandos é um cara legal — um único cara legal com o superpoder de pensar à frente e a coragem de se adiantar e fazer um discurso inacreditavelmente inspirador que toca corações e mentes, faz a maré virar e salva o bando, e suas vítimas, da tragédia.

COISAS A DIZER PARA VIRAR A MARÉ DA BABAQUICE

Essa não é uma boa ideia, pessoal.

Ahnn, melhor não.

Não, eu estou fora.

Eu estava pensando que podíamos fazer [*insira aqui alguma outra coisa menos babaca*].

Embora neste instante possa parecer solitário ser a única pessoa do grupo capaz de pensar por si mesma, fique tranquilo, pois essa é uma situação temporária. Imagine um adulto no trabalho. Digamos que ele esteja sentado a uma mesa em um cubículo e que sua função seja analisar planilhas o dia inteiro. Acho que podemos concordar que isso é tedioso. Ainda assim, *muito raramente* um adulto coloca a cabeça acima da parede do cubículo e sussurra para seus colegas próximos: "Aí, pessoal. Eu odeio este lugar. Vamos tocar o terror!" É ainda mais incomum que os outros homens ergam as cabeças dos cubículos e respondam: "Sim! Sim! Sim!

Vamos lá! Vamos tocar o terror!" E nunca se ouviu falar de um bando de adultos com camisas sociais justas indo a uma loja de ferragens, comprando uma dúzia de latas de tinta spray e então se esgueirando de volta ao escritório em seus sapatos sociais para grafitar ESCROTOS e 69s por todo o prédio.[2]

Resista à babaquice.
Fica mais fácil.

---

[2] Pelo que eu sei. Tudo é possível na Flórida.

PRESSÃO SOCIAL: PERGUNTE POR QUÊ

É NATURAL QUE você queira se sentir querido pelas pessoas ao seu redor. Isso não é coisa de adolescente, é coisa de ser humano. Mas, considerando o atual estado de seu cérebro em desenvolvimento e o grande número de horas que você passa na escola cercado pelos colegas, a aprovação deles pode muito bem ser a força mais poderosa em ação na sua vida agora. Isso pode ser ótimo se os seus colegas forem um bando de caras legais, encorajando-o a ser melhor e fazer melhor. O problema é que você não pode opinar sobre quem serão seus colegas de turma e de time, significando que muito provavelmente há alguns babacas entre eles.

Não subestime a influência dos babacas. Eles podem ser incansáveis no que diz respeito à pressão social. Alguns babacas não são apenas persistentes, mas também muito persuasivos: *Vai ser ótimo. Vai ser divertido. Todo mundo está fazendo. Você ainda não fez? Sério? Você vai adorar. É a sua chance. E qual é o problema, afinal? Ninguém vai ficar sabendo. Como eles poderiam descobrir?* Blá, blá, blá.

Quando alguém está incentivando você a usar *vape*[3], a trair, a beber, a usar drogas ou qualquer outra coisa, pergunte a si mesmo: *O que essa pessoa tem a ganhar? O que eu tenho a perder?*

Enquanto você emprega essa fórmula, avalie se pode haver algo mais por trás das motivações do colega para pressionar. Algo que não é dito. Algo tático. Algo como: "Se tivermos gente suficiente a polícia não conseguirá prender todos nós." Ou: "Se levarmos junto esse cara legal talvez não fiquemos enrascados." Nenhuma dessas é uma boa razão para você participar do plano. E nenhuma dessas coisas acabará sendo verdade. No final das contas, o fato é que o babaca que o pressiona a fazer algo idiota não está pensando no que é *bom* para você.[4]

Babacas usam os colegas como proteção.

Não babacas dão uma desculpa e saem.

Caras legais simplesmente dizem não.

---

[3] Caso ainda não tenha ficado nítido para você e seus amigos, *vapes* são para idiotas. Um dia você perceberá que essa foi uma moda ridícula — mas também viciante e meio que venenosa.

[4] Ou para ele, mas ainda não sabe disso. Talvez você possa presenteá-lo com este livro quando tiver terminado.

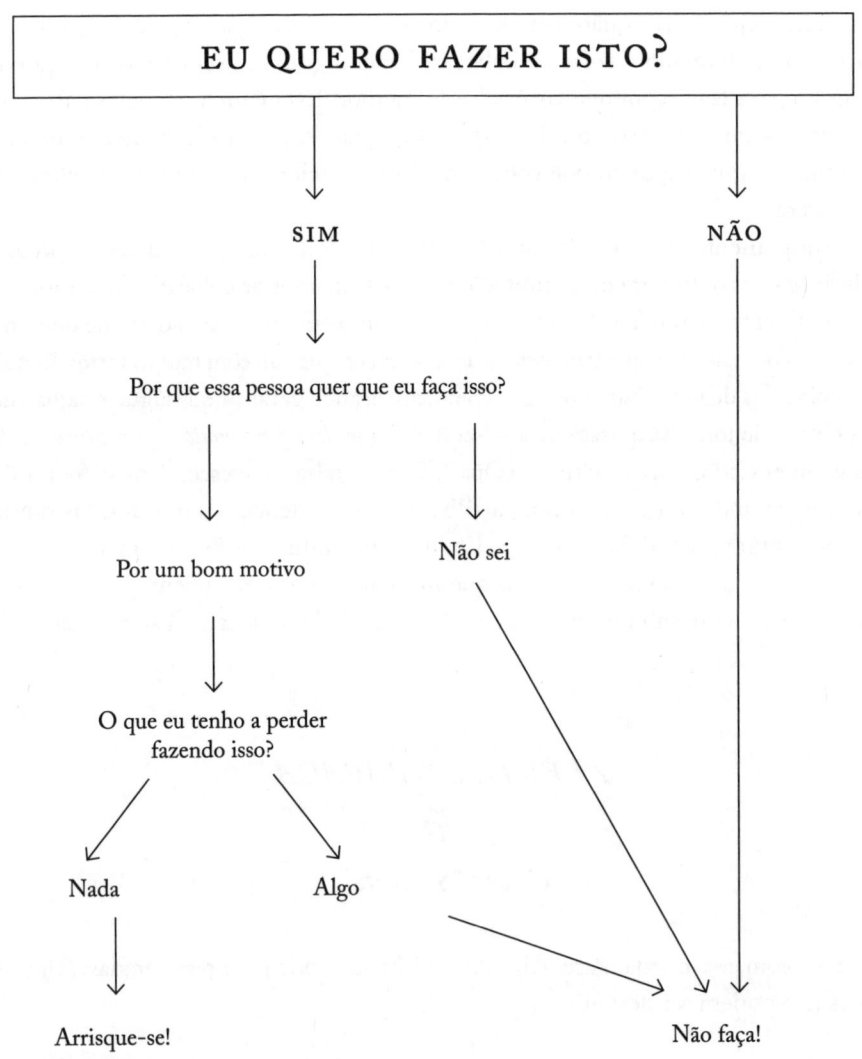

IMAGEM 2: *Como aliviar a pressão exercida pelos colegas*

HUMILHAÇÃO NÃO É DIVERSÃO

NÃO IMPORTA QUÃO tediosa seja a escola, não importa quão unida seja a sua turma, quão fácil seja o alvo, quão grande a pressão — *nada disso importa* —, humilhar outro ser humano é coisa de babacas. Fazer alguém se sentir pior nunca é o caminho para fazer com que você se sinta melhor. Esta é uma daquelas babaquices que voltam para assombrá-lo mais tarde, quando desenvolver uma consciência adulta, o que, supondo que você não seja um sociopata, muito provavelmente acontecerá.

Antigamente, a escala da humilhação que adolescentes entediados podiam infligir uns aos outros era mais limitada, porque tínhamos de colocar nossos insultos no papel[5] ou transmiti-los de pessoa a pessoa como em uma brincadeira de telefone sem fio.[6] Você não acha que tem sorte de crescer na era digital, com muitas formas novas e empolgantes de humilhar? Postagens públicas visando garantir que alguém saiba que foi deixado de fora. Pesquisas e chats "secretos" que *de algum modo* viram *capturas de tela* e são enviados para as vítimas (Ops!). Contas falsas que escondem as fontes de um boato ou induzem o alvo a compartilhar uma confidência. Tantas formas novas de atormentar alguém! Ademais, sua linguagem atualmente é muito mais criativa! Certo, nós podemos ter sussurrado que um garoto era um "nojento", mas vocês, garotos, realmente subiram o nível com "Se mate". Tão esperto! Tão avançado!

ALERTA DE BABACA

Dizer "Se mate".

Pare com essa merda. Pare. Algumas coisas não podem ser recuperadas. Alguns males não podem ser desfeitos.

---

5 Para os interessados em história, essas elaboradas coisas dobradas eram chamadas de "bilhetes".

6 Quando falo em telefone sem fio me refiro a telefones de verdade, um em cada casa. Era deprimente.

O PLANO DO NÃO BABACA

🚫 Quando você vir a humilhação acontecendo, não participe.

🚫 Deixe de seguir contas nas redes sociais que não trazem nada de bom. E não finja que não sabe o que eles querem.

🚫 Rompa a amizade — de verdade, na vida real — com pessoas que atacam os mais fracos. É só uma questão de tempo até que elas partam atrás de você. Caso ache que ficar do lado de um valentão impedirá que se torne um alvo, você está enganado.

🚫 Não seja o espectador que ri daquilo. Tente dizer algo: "Qual o sentido disso? Chega."

JOGADAS DE ALTO NÍVEL DO CARA LEGAL

🚫 Lidere pelo exemplo. Interaja com a pessoa alvo dos ataques como se ela realmente fosse um ser humano. AFINAL, ELA É. Pergunte se ela está bem.

🚫 Procure ajuda de um pai ou um professor — qualquer adulto confiável — antes que a situação fuja do controle. *Não* espere até que se torne "caso de polícia".

OS PROFESSORES TAMBÉM SÃO PESSOAS

FALAR DE UM jeito com os amigos e de outro na escola não faz de você um puxa-saco ou um falso. Pessoas com raízes em duas culturas fazem isso o tempo todo, e só babacas as criticam por mudar de código para se comunicar de forma eficaz em diferentes situações. Caso esteja pensando "Eu sou quem sou e se eles não gostam disso, sinto muito", você está certo. Sinto muito. Por você. Porque seus professores são humanos, as notas são subjetivas, e se seu professor interpreta sua linguagem como sendo ignorância ou desrespeito, será você quem acabará sofrendo, injustamente ou não. Além disso, não é assim tão difícil!

CÓDIGO DO PARCEIRO	CÓDIGO DA ESCOLA
Mano	Senhor(a) nome do professor
Nem	Não, obrigado
Hã?	Poderia repetir, por favor?
Grunhido	Sim, por favor

QUADRO 1: *Como impressionar seus professores sem sequer tentar*

E cuidado com o tom. Você quer transmitir respeito, não desdém.[7] Se vê seu professor como alguém que o serve, você é um babaca. Uma forma melhor de vê-lo é como a pessoa que pode reprovar você por ser um babaca. A *melhor* forma de ver seu professor é como o seu instrutor.

A não ser que esteja desenvolvendo algum tipo de plano de negócios,[8] você terá um chefe. Mesmo se algum dia se tornar o chefe, ainda terá um chefe acima de você. Todo chefe tem um chefe. É verdade! O CEO presta contas ao conselho de administração. O conselho presta contas aos acionistas. Não há como fugir disso.[9]

---

[7] É realmente uma vergonha. Como eu vivenciei pessoalmente, os adolescentes são inacreditavelmente bons em um desdém cruel — mas muito raramente recompensados por isso.

[8] Anfetaminas não. Anfetaminas não. Por favor, que não sejam anfetaminas.

[9] Atenção, aspirantes a empreendedores, atletas, gamers e artistas: vocês acham que não precisam concluir o ensino médio porque jamais trabalharão para O Cara? Boa sorte com isso. Porque mesmo com seu

A boa notícia: se você sobreviver à escola e depois for para a faculdade, terá, digamos, cem diferentes professores. Alguns serão gentis, alguns irão desafiá-lo, alguns irão inspirá-lo, alguns não terão importância, alguns serão babacas, e alguns agirão como se quisessem ser seus melhores amigos.[10] É melhor aprender agora como trabalhar com e para todos esses tipos de pessoas. Essa é a sua missão agora. Descubra quais são as expectativas de seu professor. Atenda essas expectativas.

Por falar em expectativas, só babacas acham que as regras não se aplicam a eles. Um prazo não é negociável, não importa quão charmoso você acredite ser. Um prazo é o exato momento em que você tem de *entregar* o seu trabalho. Algo que acontece com uma estranha frequência é que os alunos fazem os trabalhos e, justo quando eles estão prestes a entregá-los no prazo, acontece alguma coisa bizarra e completamente inesperada que absolutamente não é culpa deles e impede que o trabalho chegue à caixa de entrada do professor. Qual a probabilidade?

Professores do ensino médio e de universidades têm centenas de alunos. Por mais que lamentem sua Coisa Bizarra (que certamente aconteceu mesmo), eles não têm tempo de lidar com a Coisa Bizarra de todo o mundo em todos os trabalhos. O superintendente do departamento ou o diretor estão em cima do professor, o atormentando para que entregue as notas no prazo.[11] É por isso que o programa que você recebe nos primeiros dias basicamente diz: "Entregue seus trabalhos no prazo. Não ligo para a sua Coisa Bizarra."

Mais uma coisa que você deveria saber sobre professores humanos: eles geralmente gostam de lecionar. Pode não parecer, mas normalmente é porque eles estão fartos de outras besteiras administrativas não relacionadas a lecionar. O que faz com que se levantem de manhã não é o dinheiro. É educar os jovens — não apenas sobre o teorema de Pitágoras, mas sobre habilidades fundamentais para a vida, como, por exemplo, a melhor forma de escapar de areia movediça. Se você precisar de ajuda, se estiver com dificuldades ou se tiver esperado tanto que agora está totalmente ferrado, conte ao seu professor o que está acontecendo e peça ajuda — usando frases com começo, meio e fim. Deixe nítido que você entende que esse é um problema seu, não deles, mas que ainda espera que considerem ajudá-lo. Envie o e-mail. (DICA: comece com "Cara sra. ___", não com "E aí, profe!"). Apareça em horário comercial. Talvez seja melhor não deixar para depois do prazo, mas

---

talento vocês precisarão de uma dose considerável de sorte. Tipo a sorte de ser atingido diversas vezes por um raio e sobreviver. Então, talvez seja melhor não desistir da escola ainda.

10 Por favor, cuidado com esses. Nenhum adulto sensato precisa de colegas adolescentes. Eu lhe garanto que isso não é tão legal quanto parece.

11 Todo mundo tem um chefe!

se comunicar é sempre melhor que não se comunicar. Lembre-se: professores são seres humanos com um fundo de reserva subjetivo de pontos que eles costumam dar mais generosamente aos alunos que pelo menos parecem se importar. Então, se você tem ostensivamente fugido de uma aula, é melhor que a primeira linha de seu e-mail desesperado para o professor inclua a expressão "Me desculpe".

NÃO SEJA SEU PIOR INIMIGO

REVISANDO:

1. O objetivo da escola é se livrar dela, preferencialmente se formando, para conseguir um emprego que lhe pague, para poder sair de casa, lavar a própria cueca e ter uma vida sexual.[12]

2. A melhor forma de se formar é não ser reprovado.

3. A melhor forma de não ser reprovado é fazer os trabalhos.

É verdade que há coisas mais divertidas a fazer do que os trabalhos escolares. É mais fácil jogar videogame do que escrever um artigo. *Será mesmo?*

Se você escolher jogar em vez de fazer o trabalho, ou se basicamente escolher jogar e fazer às pressas um trabalho de merda, terá de lidar com as consequências: ansiedade por adiar e/ou fazer um trabalho ruim, lidar com seu professor decepcionado e os gritos dos seus pais, se esforçar mais para melhorar sua nota, suplicar por pontos extras etc. Então, será que fazer os trabalhos não é mais fácil que jogar?

Você precisa de um momento para se recuperar dessa compreensão perturbadora?

Agora que você decidiu fazer o trabalho, precisará de um pouco de disciplina. Não aquele tipo de disciplina de ser colocado de castigo por um pai aos gritos. Autodisciplina. Sendo você o "auto" em questão. A má notícia é que as cartas estão marcadas contra você de um modo que não estavam para seus pais.

Redes sociais, jogos, vídeos em *streaming* — todas essas coisas foram projetadas pelos gênios do mal para afetar seu cérebro de um modo em que se torna difícil desligá-lo. Não é coincidência que quando você recebe uma notificação, toca nela instantaneamente para dar uma olhadinha e só tira os olhos do aplicativo uma hora depois. Não é por acaso que o jogo sempre tem outro nível e que você simplesmente sabe que o nível seguinte é quando ele realmente começa a ficar bom. Ser incapaz de desligar uma tela não faz de você um fraco. Faz de você um ser humano com um cérebro humano. Mas isso também significa que você é a única pessoa capaz de se disciplinar para não ligar a tela quando tem um trabalho a fazer. Algumas ideias:

* *Assegure-se de que você é o dono do telefone e não o contrário.* Desligue as notificações. Apitos e zumbidos não decidem quando é a hora de conferir

---

12 Ou pelo menos um segundo encontro.

o celular. Você decide quando conferir. Se for preciso, coloque o aparelho em outro cômodo para trabalhar um pouco.

* *Caso precise do celular ou do computador para fazer um trabalho, baixe um daqueles aplicativos que bloqueiam suas redes sociais e sites de jogos enquanto está trabalhando.* Se acha a ideia assustadora, experimente por quinze minutos. Você consegue fazer qualquer coisa durante quinze minutos. Depois tente por trinta. E então pelas duas horas de que precisa para estudar e gabaritar a prova.

* *Caso esteja na faculdade, vá às aulas.* Perder aulas é uma péssima ideia que lhe dará pesadelos pelo resto da vida. Pergunte a qualquer formando. Todos temos um pesadelo recorrente no qual vamos fazer a prova final de uma disciplina cujas aulas não assistimos.

* *Se for à aula, mantenha o celular no bolso.* Do contrário estará desperdiçando seu tempo. E o dinheiro de alguém. Você tem alguma ideia de quanto custa uma faculdade?![13] Caso esteja na faculdade, aplique um pouco daquela matemática e descubra:

　　　_____ **Custo do semestre**
　　÷
　　　_____ **Número de disciplinas**
　　÷
　　　_____ **Semanas no semestre**
　　÷
　　　_____ **Número de aulas por semana**
　　=
　　　_____ **Custo de assistir a uma aula**

(Coloque a quantia obtida e, para melhorar sua análise, especifique quem trabalhou para ganhá-la.)

Pense nesse número sempre que sentir a tentação de pegar seu celular no meio da aula. Se você conseguir ser o dono do seu telefone, talvez um dia consiga ser um excelente chefe capaz de raciocínio independente e não um babaca no fundo da sala reagindo a mensagens sobre a noite anterior. (P.S. Seu professor sabe a diferença entre você fazendo anotações e você navegando na internet.)

---

[13] Se você sabe muito bem quanto custa a faculdade porque é quem está pagando, você é um indivíduo realmente impressionante. Continue assim!

NÃO COLE

HONESTIDADE ACADÊMICA NÃO é negociável. É a única violação que instantaneamente transforma pais amorosos que conversam com o diretor por e-mail em pais selvagens do tipo que comem os filhotes. Grandes amigos não resistirão ao interrogatório e o entregarão mais rápido do que o tempo que seu professor leva para lançar um zero. Professores, diretores e reitores não pegam leve no caso de cola. Escolas expulsaram alunos por violação do código de honra num piscar de olhos.

Caso se sinta tentado a colar ou plagiar por se sentir sufocado pela pressão para ter sucesso, imagine as expressões daquelas pessoas que você está querendo *não* decepcionar quando descobrirem que fez isso. Será como aquele quadro *O grito*, mas com atores em 3D e o som no máximo para sempre. Em outras palavras, um pesadelo.

Em vez disso, se estiver assoberbado, converse com seu professor. Converse com o conselheiro. Converse com seus pais. Se você tem aquele tipo de pai que torna essa conversa difícil, escreva.

Pai. Eu estou com problemas. *[Agora espere um minuto]*

Estava com medo de lhe contar. *[Espere trinta segundos, os trinta segundos mais longos da vida de seu pobre pai]*

Eu não vou passar em Cálculo 1

Ele ficará tão feliz por ninguém estar grávida que isso não parecerá nada demais. Sempre há opções (Grupo de estudo? Aulas de reforço? Um curso diferente?) e, eu garanto, nada disso significa que você é um completo fracasso. Você faz um ajuste e segue em frente.

Ah, e se você é totalmente capaz de fazer o trabalho, mas está pensando em trapacear por achar que a tarefa é um completo desperdício do seu tempo, está superestimando terrivelmente a sua importância, sua capacidade ou ambos. Essa ilusão pode levar a uma série de acontecimentos infelizes (fracasso, reputação maculada, oportunidades perdidas) que podem acabar resultando em uma duração estendida de sua moradia no porão. Volte para a primeira página deste capítulo e recomece.

VOCÊ CONSEGUE

UM GRANDE PROBLEMA da escola é que não é para todos, mas é obrigatória para todos. Em outras palavras, nem todo mundo combina com a escola, mas todo mundo precisa da escola para (repita comigo) conseguir um emprego e ter dinheiro para morar sozinho e lavar a própria cueca.

Às vezes as pessoas agem como babacas porque simplesmente não conseguem cursar a escola. Se você é assim — se odeia a escola com a paixão inflamada de 10 mil sóis e garante que todos saibam disso todos os dias — o primeiro passo é deixar de ser um babaca. Você não é o único que se sente desse jeito. Pode parecer, mas só porque a escola diz respeito a se ajustar, e isso torna o quadro enganoso.

Não estou dizendo que todos estão tomando Adderall ou Prozac, mas há muitos caras da sua idade que se parecem com todos os outros, mas são de um modo que torna a escola mais difícil. Pessoas que você conhece podem ter ansiedade, depressão ou TDAH, ou fazer parte do espectro autista. Simplesmente não há como saber o que passa pela cabeça das outras pessoas.

O que você precisa saber é o que se passa dentro da sua cabeça. Em vez de desistir da escola ou se sabotar, um plano melhor seria descobrir por que seu cérebro torna a escola terrível. Talvez você simplesmente esteja tendo um momento difícil ou precise de alguma ajuda. Peça apoio aos seus pais ou ao conselheiro da escola para encontrar um terapeuta ou médico com o qual possa conversar. Pode ser assustador, mas, se fizer isso, pessoas muito mais inteligentes que eu poderão ajudá-lo a descobrir o que é necessário para fazer com que a escola funcione. Talvez você precise se esforçar mais, e por mais tempo, que outras pessoas — e isso é uma bosta —, mas você consegue. E quando as pessoas o virem fazendo isso, saberão que elas também conseguem.

2

DEIXE DE SER BABACA COM OS SEUS AMIGOS

VAMOS DEIXAR O BANDO PARA TRÁS E AVANÇAR PARA ALGO MAIS FÁCIL DE lidar: os seus amigos íntimos. Amigos entendem uns aos outros. Se apoiam mesmo quando sentem inveja. Dizem a verdade. Não vão embora quando as coisas ficam difíceis. Eles perdoam, e nunca se esquecem.[1]

São apenas duas ou três pessoas? Tudo bem. Vinte pessoas? Tudo bem, também.

Eis uma coisa sobre amigos: é tão fácil estar com eles que você pode começar a achar que está em uma área em que tudo é permitido, não há obrigações nem consequências. Se você é o tipo de "amigo" que trata todo mundo mal e espera que relevem o tempo todo, você é um babaca. E por algum tempo as pessoas podem querer manter um babaca por perto como diversão ou porque isso faz com que se sintam melhor com elas mesmas. Isso é mais especificamente verdadeiro em uma situação de cativeiro de longa duração como o ensino médio, um time esportivo ou os alojamentos universitários. Mas quando todos começam a avançar e sair — e esse dia chegará mais cedo do que você consegue imaginar agora —, escolherão seus próprios amigos e (alerta de *spoiler*!), se você for um babaca, não escolherão você.

---

1 Uma proteção fundamental contra comportamentos estúpidos daquele tipo que você "nunca contaria aos seus pais".

SEJA LEAL

NÃO PRECISO DIZER que é importante ser leal com os seus amigos. Caras da sua idade levam tão a sério guardar segredos que uma mãe pode começar a imaginar se os amigos dos filhos estão no programa de proteção a testemunhas ou talvez sejam da máfia.[2]

Para os caras legais lealdade significa mais do que guardar segredos. Significa também tomar conta dos amigos — significa impedir que seus amigos façam coisas idiotas que claramente darão errado. Isso pode exigir alguma rispidez.

AMIGO: *Vamos saltar do telhado e descer deslizando! Cadê a sua GoPro?*

CARA LEGAL: *Não.*

Isso também significa que os caras legais, às vezes, precisam pensar no futuro e determinar quando uma ação idiota dirigida a outra pessoa vai sair pela culatra e voltar como um bumerangue bem na cara de um amigo. Nesses casos você precisa impedir o disparo, ao mesmo tempo em que deixa claro que sempre estará do lado do amigo.

AMIGO: *Ela lamenta? Vou fazer com que ela lamente ter me conhecido. Eu tenho uns nudes.*

CARA LEGAL: *Não é uma boa ideia, cara. Apague isso e siga em frente. Me dá o telefone, eu faço para você.*[3]

Fica mais difícil quando um amigo está em apuros de um modo que você simplesmente não é capaz de dar conta sozinho. Nessas situações (esperamos que raras), proteger seu amigo talvez signifique contar um segredo a alguém que possa oferecer ajuda real. Buscar auxílio pode ser uma decisão difícil — talvez você tenha medo de que isso acabe com a amizade —, mas lealdade significa fazer o que é melhor para o seu amigo, não o que é mais fácil para você. Se seu amigo precisa

---

[2] Meus próprios filhos passaram anos mandando várias mensagens para "Ninguém!" falando sobre "Nada!" Vem cá, vocês fizeram um juramento ou algo assim?

[3] Aqui no Brasil, independentemente da idade, divulgar essas imagens é crime. É sempre bom se lembrar disso quando seu amigo está com o dedo em enviar.

constantemente de ajuda com saúde, com a segurança ou com negócios, você terá de conversar com algum dos Velhos. Não precisa ser um pai. Pode ser um conselheiro ou professor de confiança. Pode telefonar para um médico (até mesmo seu pediatra!) para pedir conselhos confidenciais. Pode digitar no Google: "ajuda para pessoas com [*qualquer que seja o problema*] em [*o lugar onde você mora*]" para ter opções. Não seja o babaca que não faz nada para salvar um amigo que está se afogando. Ele está contando com você para jogar uma boia salva-vidas, mesmo que não saiba disso.

Não fique aí parado.
Faça algo.

APAREÇA

OS ESTUDANTES DO ensino médio estão constantemente mudando de planos. Eles surgem de diversos locais com uma noção mínima de para onde estão indo ou de quem estará lá, mas de alguma forma conseguem chegar a lugares como um restaurante *fast-food* com precisão militar e em um número capaz de assustar mães com carrinhos de bebê e vendedores de burritos.

Um alerta: a organização improvisada de todo e qualquer encontro social é uma atividade específica do ensino médio. Indivíduos mais maduros, como universitários, têm menos tempo a perder enviando mensagens de texto com mudanças de planos de última hora em função das exigências mais rigorosas da vida.[4] Depois que você sai da escola, apenas os babacas furam e dão bolo. Não babacas planejam antes que todos saiam de casa. Os caras legais aparecem no lugar certo, na hora certa.

Encontrar seus amigos é mais do que chegar à festa antes que todos os outros estejam prontos para partir. É um subconjunto de uma regra fundamental do cara legal: **Faça o que você disse que iria fazer.** Estou certa de que ouviu os Velhos dizendo coisas como "A palavra de um homem é o seu bem mais precioso". O que papai está tentando lhe dizer é que é importante manter a palavra — sempre, mesmo para com seus amigos, mesmo se disserem que não tem problema, mesmo se você tiver uma desculpa.

As pessoas precisam poder contar com outras pessoas. É assim que as sociedades humanas funcionam. Ao mesmo tempo, a confiança é muito frágil. Os Velhos também têm um ditado para isso: "Se você me engana uma vez, deveria se envergonhar. Se me engana duas vezes, fica de castigo indefinidamente, e nem pense em me pedir o carro emprestado".[5] Antes de perguntar a alguém "Por que não confia em mim?", pergunte a si mesmo por que ele deveria.

---

4 E quando falo em "exigências rigorosas" me refiro a cochilos. A faculdade envolve um número surpreendente de cochilos.

5 Ou apenas eu faço isso?

R-E-S-P-E-I-T-O

QUANDO FOR CONVIDADO a ir à casa de um amigo, respeite os anfitriões, os pertences deles e os outros convidados. Você terá dificuldade em manter amizades se você for uma *persona non grata* e proibido de entrar nas casas de todos que conhece, então procure pistas que possam ajudá-lo a avaliar o que é um comportamento social aceitável. Por exemplo, se ninguém estiver esmagando latas na testa, então essa provavelmente não é a oportunidade para demonstrar esse seu talento em particular. Aproveite o momento para avaliar a quantidade de comida e a bebida à disposição e pensar no número de pessoas presentes antes de acabar com *toda* a comida e *toda* a bebida. E tome cuidado com as paredes, por favor.

ALERTA DE BABACA
✽
Deixar a casa de um amigo precisando de uma limpeza profissional ou uma visita a uma loja de móveis.

E também não se demore muito. Você ficaria surpreso com a facilidade com que passa de cara legal para babaca apenas por não saber a hora de ir embora.

COMO EVITAR SAÍDAS DOLOROSAMENTE CONSTRANGEDORAS

SE ALGUMA DAS coisas a seguir estiver acontecendo, está na hora de ir embora:

✽ *pratos sendo retirados*

✽ *redução da iluminação*

✽ *espreguiçadas e bocejos de qualquer tipo*[6]

✽ *"De quem são estes casacos?"*

✽ *alguém passando com um saco de lixo*

DICA: Se você ficou até o ponto de ver o saco de lixo, meus parabéns! E também vá cuidar do lixo. Levante-se e comece a limpar.

---

[6] Se você estiver na casa dos pais de alguém e os Velhos passarem vestindo suéteres confortáveis ou pijamas, VÁ EMBORA.

"ESTOU BRINCANDO" NÃO É DESCULPA

A DESCULPA "ESTOU BRINCANDO" funciona muito bem no ensino médio, mas está na hora de parar com isso. Ninguém acha suas palhaçadas inocentes, inteligentes ou bonitinhas. Isso é coisa de criança. Você e seus amigos podem se sentir crianças quando estão fazendo bobagens juntos, mas parecem e soam como homens para todos os outros. São maiores que o resto e suas vozes são mais graves e altas do que pensam. Suas palhaçadas são intimidadoras.

Quando você está em um clima descontraído com os seus amigos, fazendo piada e rindo uns dos outros, as pessoas na mesa ao lado não têm ideia de que estão apenas zoando. Sua impressionante imitação de um racista soa terrivelmente como um racista de verdade. Ninguém se importa se você está "apenas" sendo deselegante, insensível ou idiota. Tudo isso parece coisa de babaca com B maiúsculo, então não se surpreenda se for chamado assim.

Padrão ouro para o comportamento do cara legal:
Não demandar explicações.

SOBRE DINHEIRO

A ÚNICA COISA de que se pode ter certeza no que diz respeito a dinheiro é que cada pessoa tem um ponto de vista próprio. Um amigo íntimo com a mesma criação e a mesma situação econômica que você (pelo que sabe, e na verdade nunca sabe) pode ter regras completamente diferentes para poupar, gastar, emprestar e até mesmo falar sobre dinheiro.

Ainda assim, quando um amigo não tem dinheiro para acompanhar você, é ruim para todo mundo. É ruim para ele dizer que não pode pagar. Ruim para você sair sem ele. Se você tem recursos, certamente pode se oferecer- para pagar, mas não espere receber o dinheiro de volta. Deixe nítido (especialmente para si mesmo) que é um presente, não um empréstimo. Se ele for um cara legal, pagará assim que puder. Se você for um cara legal, não esperará isso dele.

Se você for a pessoa sem recursos, não fique constrangido. Apenas diga que não pode pagar. Algumas pessoas sempre terão mais do que você. E está tudo bem, sério. Não deixe alguém pagar a não ser que tenha certeza de que pode devolver. E devolva assim que tiver dinheiro. Não espere até sacar o dinheiro. Os aplicativos de transferência bancária existem por uma razão.

Dica bônus importante para manter a compostura: se você pedir um empréstimo a um amigo, esteja preparado para ouvir um não.

ALERTA DE BABACA

✱

Pedir dinheiro **novamente** *depois que o amigo disse não.*

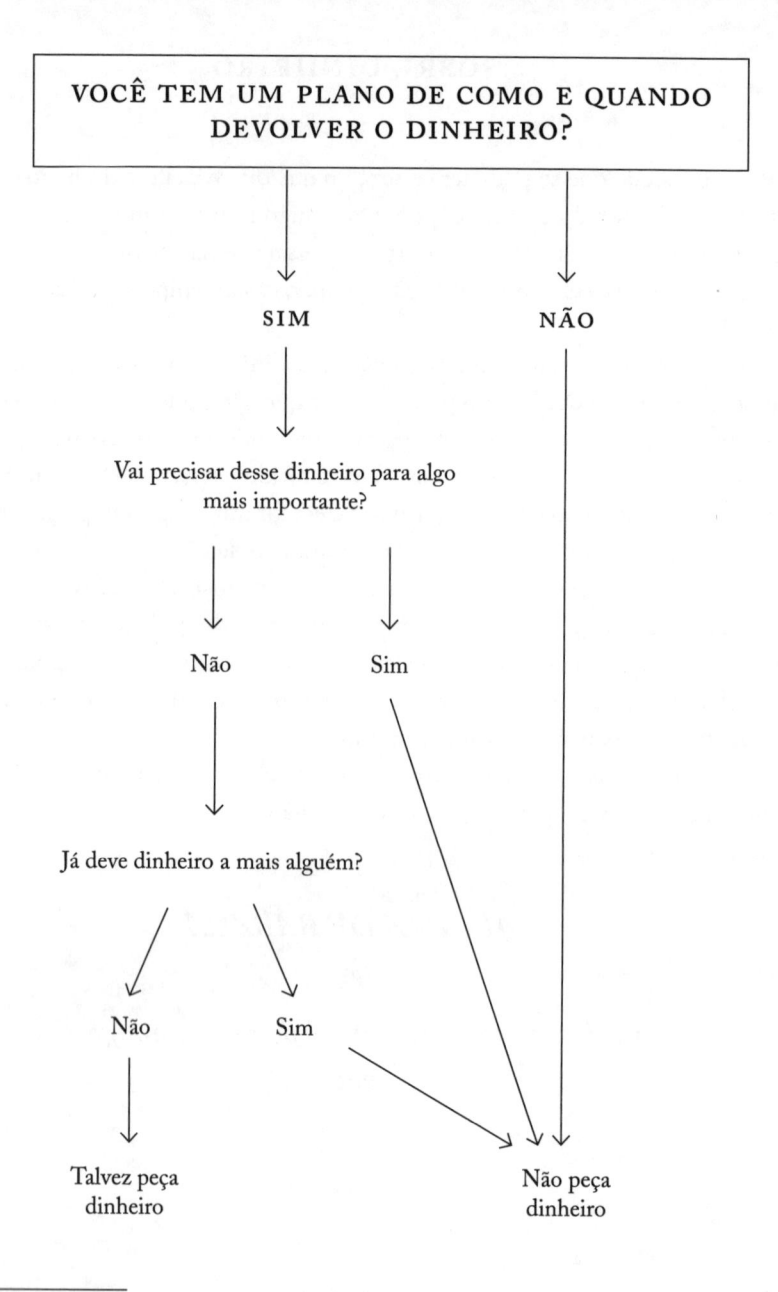

```
┌─────────────────────────────────────┐
│  VOCÊ TEM UM PLANO DE COMO E QUANDO │
│       DEVOLVER O DINHEIRO?          │
└─────────────────────────────────────┘
         │                    │
         ▼                    ▼
        SIM                  NÃO
         │
         ▼
  Vai precisar desse dinheiro para algo
           mais importante?
         │            │
         ▼            ▼
        Não          Sim
         │
         ▼
   Já deve dinheiro a mais alguém?
       │         │
       ▼         ▼
      Não       Sim
       │         │
       ▼         ▼
   Talvez peça         Não peça
    dinheiro            dinheiro
```

IMAGEM 3: *Como não ser um caloteiro*

TENHA CONSCIÊNCIA DA SITUAÇÃO

A VERSÃO MILITAR da regra nº 1 é chamada de "consciência da situação". Nesse contexto, saber onde está, compreender as circunstâncias de determinado momento e ser capaz de prever o que poderá acontecer a seguir têm consequências de vida ou morte. O que isso significa para você e seus amigos à medida que avançam pelo mundo é que precisam ter a consciência de que outros seres humanos existem, que esses seres humanos podem vê-los e ouvi-los, e que as pessoas costumam reagir de modos imprevisíveis. Acha que a família na mesa ao lado irá simplesmente ficar ali ouvindo você dizer "foda-se" vinte vezes? Acha que o gerente não tem nada melhor para fazer do que limpar aquele litro de refrigerante que você derramou enquanto estava fazendo palhaçada? Ah, veja só, dois policiais acabaram de entrar. Isso significa que o dia não vai terminar bem, não é mesmo?

Quando perceber que você e seus amigos estão sendo vistos como babacas, você deve fazer alguma coisa. Não precisa exagerar. Se as pessoas começarem a olhar para vocês, cretinos (ou melhor, *antes* que as pessoas comecem a olhar para os cretinos), diga uma ou duas palavras em voz baixa: "*Galera. Pessoal.*" Também pode tentar lançar sobre seus amigos aquele olhar laser mortal de ninja.[7] Se isso tudo der errado, saiam dali. Continue simplesmente dizendo "Vamos embora" até que todos arrumem suas coisas e saiam; se as coisas forem longe demais antes que você consiga levar todos até a saída, peça desculpas ao sair, sem qualquer risinho ou olhar. *Absolutamente nenhum.*

---

7 Sabe, aquela ameaça silenciosa e devastadora que sua mãe faz quando você começa a se comportar mal na frente de sua avó.

VOCÊ PODE TER MAIS DE UM RELACIONAMENTO AO MESMO TEMPO!

AH, O AMOR juvenil. Tão exigente. Tão intenso. Tão irritante para todos ao redor.

Não seja aquele babaca que ignora os amigos quando começa a namorar alguém. Por mais real que isso possa parecer (e, graças aos hormônios, parece muito real, de verdade), seu romance juvenil pode acabar não sendo a sua grande e única alma gêmea. Caso não dê certo, você precisará dos seus amigos — e será muito mais fácil para eles apoiá-lo se tiver reconhecido a existência deles recentemente.[8] Fato divertido: o hormônio do amor é a oxitocina.[9] Você não vai querer passar pela abstinência pós-término sozinho.

Dê uma respirada de vez em quando. Seu amorzinho consegue entender que você quer passar um tempo com seus amigos. Faça o esforço de encontrar um tempo para eles. Fique com seus amigos *e* os amigos da sua cara-metade. Chame os amigos para sua casa quando seu amorzinho estiver fora fazendo alguma coisa. Pense bem. As amizades que tem agora serão as mais valorizadas por você quando for adulto. Por que você acha que os Velhos vivem no Facebook e insistem em ter aquelas tristes e estranhas reuniões de turma?

---

[8] Lembrete: quando você está apaixonado, sua família continua a existir, provavelmente bem ali onde você a deixou.

[9] A oxitocina é conhecida como o hormônio do afeto. É um poderoso narcótico viciante capaz de destruir vidas. Se puder escolher qual deixar que entre em seu cérebro em desenvolvimento, por favor, fique com a do afeto.

SEJA UM BOM ESPORTISTA

ESPORTES SÃO A origem de alguns grandes equívocos sobre o que significa "agir como homem". Os esportes também são o modo como muitos caras fazem amizades, além de um belo escape para todos aqueles hormônios. Então você terá de aprender a jogar.

* *Não jogue como se sua vida dependesse disso.* Eu sei, eu sei. É um torneio eliminatório, uma final de campeonato ou sua última chance de quebrar um recorde. Sempre tem alguma coisa em jogo. É assim que os esportes funcionam. Mas eu lhe garanto: muitas pessoas chegaram a esse mesmo momento antes de você. Muitas pessoas fracassaram. E essas pessoas seguiram em frente e tiveram vidas produtivas e felizes. Ao contrário do que os filmes lhe fizeram acreditar, elas não acordaram todos os dias pelos 40 anos seguintes, olharam no espelho seus rostos patéticos com barba por fazer e tomaram uma cerveja atrás da outra em sofás xadrez marrons até desmaiar porque não conseguiam deixar de pensar no dia em que ferraram com o que quer que fosse. Sabe o que essas pessoas realmente fazem? Continuam jogando... Ou não. Seguem com a vida. Tentam outras coisas. Conseguem empregos. Formam famílias. Até compram carros e casas, que dificilmente são decoradas com sofás xadrez marrons e pilhas de latas de cerveja vazias.

  O que estou dizendo é: a não ser que você seja um babaca, a camaradagem do esporte supera a emoção da vitória ou o sofrimento da derrota. As pessoas esquecerão se o arremesso foi seu, mas lembrarão se você era um exibido ou se jogava sujo. Também lembrarão se tratava seus colegas com respeito, se oferecia a mão para adversários machucados se levantarem, ajudava os técnicos a carregar o equipamento e aceitava *tanto* vitórias *quanto* derrotas como um campeão. Você se lembrará de quem o tratava bem e de quem o tratava mal — e exatamente quem você tratava bem ou mal.

*

Babacas jogam o capacete no chão e saem pisando duro.

Não babacas jogam a bola.

Caras legais jogam no lixo as garrafas de Gatorade que o resto do time deixou para trás.

* *Entre no tipo certo de competição fora do campo.* No melhor tipo de competição todos jogam no seu mais alto nível e se valendo dos pontos fortes de cada pessoa na equipe. Isso eleva o nível geral de jogo, de modo que, ganhando ou perdendo, todos estão melhor por terem jogado. No pior tipo de competição os jogadores se preocupam apenas com eles mesmos, ainda que isso seja prejudicial aos outros jogadores e ao próprio jogo.

  Sabe aquele babaca que fica na espreita das suas conversas, esperando a oportunidade de aparecer e tirar vantagem de todo mundo? Mesmo quando você está falando pessoalmente, percebe que ter de "escutar" está acabando com ele, que só está esperando uma oportunidade de mencionar casualmente que o índice de massa corporal dele, o repertório dele, os agachamentos dele, qualquer coisa, superam os seus.

  Esqueça esse cara. Deixe que ele meça suas próprias... Realizações. Amigos devem despertar o melhor do outro em campo e fora dele. Seja o tipo de amigo que anima as pessoas com uma competição amigável, não o babaca que coloca todo mundo para baixo.

* *Não se transforme em seu próprio passatempo.* Exercícios são importantes. Se você se sente bem, se sairá bem. O tempo na academia não é o único modo de manter a forma, mas se isso é bom para você, fique à vontade. Não há nada de errado em ficar forte. Mas vou me arriscar aqui e supor que suas metas pessoais e profissionais não exigem que você execute uma coreografia com os peitorais, corra uma maratona no Vale da Morte ou arraste um pneu com os dentes. Estou certa? Nesse caso, você provavelmente não deveria passar mais tempo com seus "amigos da academia" do que passa com seus amigos de verdade. Se começa a acreditar que precisa de suplementos, substâncias em pó ou gel porque a comida humana normal não é adequada, se gosta de realizar feitos de força apenas quando tem uma plateia (ou — pior! — na frente de um espelho) ou se algum dia já conversou consigo mesmo ou com algum outro ser humano sobre a aparência das suas veias, você abandonou um estilo de vida saudável e se tornou um daqueles babacas cujo estilo de vida é... Seu próprio corpo. Eca.

Você não precisa de um corpo de academia nem um corpo de praia para ir a um desses lugares — ou qualquer outro.

REGRAS PARA BEBER
COM OS PARCEIROS

SÓ BABACAS USAM o álcool como desculpa para ser babacas. Se você tem idade para beber, então tem idade para seguir algumas regras básicas para manter a si mesmo e seus amigos em segurança. E não espere ficar bêbado para aprendê-las.[10]

* *Evite drogas e álcool grátis.* Ter de pagar não apenas o ajuda a estabelecer um ritmo como tende a manter seu consumo total abaixo do nível da lavagem estomacal. Além disso, o que o seu "anfitrião" está tentando conseguir mantendo você de copo cheio? Evidência nº 1: Fraternidades deixam as garotas beberem de graça, mas fazem os garotos pagar. Não caia nessa.

* *Cheguem juntos. Saiam juntos. Ninguém fica para trás.* Não escute quando seus amigos bêbados disserem: "Pode ir! Eu estou bem!". Essa é uma regra fundamental. Antes de ir, façam um pacto inviolável de não mudar de planos depois que tudo começar.

* Não *beba nada que venha de desconhecidos.* Eu sei que a lenda urbana sobre acordar em uma banheira cheia de gelo com um rim a menos não é verdade, mas também seria uma boa ideia você cuidar da sua carteira.

* *O problema de virar doses de destilados é que eles prejudicam sua capacidade de dizer não a mais doses.* Assim que você começa com as doses, para de decidir sobre qualquer outra coisa. Ah, coisas acontecem, mas você não terá controle sobre nenhuma delas.

* *Nunca seja a pessoa mais bêbada do local.* Se for, será o babaca com quem todo mundo terá de se preocupar pelo resto da noite.

* *Quando as coisas deixam de ser divertidas e se tornam tristes é porque já deu.* Também já deu no exato instante em que sente que é imperativo tirar a camisa, decide pegar o celular e mandar mensagens para uma crush, ou tem uma ideia impressionante com alguma relação com animais vivos. Quando começa a comemorar assuntos e comportamentos babacas é porque já passou do limite. DICA: No começo da noite, encarreguem uma

---

[10] Embora eu esteja certa de que seria muito mais hilariante.

pessoa de monitorar os absurdos. Quando for a sua vez, garanta que todos no seu grupo sigam as regras.

* *Não envergonhe a si mesmo ou à sua família.* Há uma razão pela qual isso é chamado de estar na mão do palhaço. Na verdade, estar na mão do palhaço é o melhor cenário. Vomitar no vaso sanitário como um palhaço e a palhaçada de desmaiar na cama vomitada são muito piores. E limpe tudo.

* *Nada de tatuagens.* Caras legais não deixam que seus amigos façam tatuagens quando estão bêbados. O objetivo de qualquer noite bebendo deve ser se divertir **sem consequências permanentes**. O que nos leva às regras seguintes...

* *Se você tem idade para beber, tem idade para ir para a cadeia.* Oi, eu sou a sua ficha policial. Quando você se candidatar a empregos as pessoas ficarão muito interessadas em mim!

* *Faça uma escolha e se aferre a ela.* Decisões sobre sexo demandam uma mente lúcida. Se você acha que estar bêbado demais para consentir é a mesma coisa que estar bêbado demais para andar, seu limite está muito baixo. Em vez disso, lembre-se do seguinte: se algum de vocês está bêbado demais para caminhar *por um campo minado com munição de verdade*, há uma enorme chance de que esteja bêbado demais para consentir. A melhor aposta é escolher entre sexo ou bebida qualquer que seja a noite.

* *Não dirija nem entre em um carro com um motorista que não esteja 100% sóbrio.* Não tem desculpa. Só um babaca tentaria dirigir depois de dois drinques. Chame um uber ou um táxi. Pegue o carro de manhã.

* *Vá por aqui.* Naquele momento você pode até pensar que é muito inteligente caminhar mais de um quilômetro e meio para casa na saída da festa 1 hora da manhã em vez de pegar o carro, mas esse é o tipo de raciocínio bêbado que faz com que as pessoas morram. Se há alguma chance de que você não consiga manter o rumo e ficar longe do trânsito e de problemas, ande com um parceiro ou chame um táxi.

* *Se estiver na dúvida quanto a ligar para a emergência, ligue para a emergência.* Ninguém se recupera estando morto.

3

DEIXE DE SER BABACA COM A SUA FAMÍLIA

A NÃO SER QUE VOCÊ SEJA UM COMPLETO BABACA INCORRIGÍVEL, IMAGINO que consiga se lembrar de um aterrorizante momento de compreensão, quando lhe ocorreu que um dos seus pais é de fato um ser humano vivo, que respira e é mortal. Foi quando você viu seu pai derramar uma lágrima, e não era por conta de um jogo do campeonato? Ou quando você se esqueceu do aniversário da sua mãe e ela ficou enlouquecida, gritando e chorando ao mesmo tempo?[1] Foi naquela vez em que você a pegou chorando silenciosamente no sofá enquanto via a homenagem para uma celebridade recém-falecida de quem você nunca ouvira falar, muito menos sabia que sua mãe a adorava de um modo bizarramente intenso — ouso dizer adolescente? Sua mãe! Uma adolescente! Sentindo amor por um artista![2]

O que quer tenha acontecido, você provavelmente teve uma sensação desconfortável quando a compreensão se instalou. Os psicólogos chamam a isso de "dissonância cognitiva". Acontece quando você vê com os próprios olhos algo que contradiz a sua compreensão do universo. Você conhece sua mãe como mãe, mas então, de repente, ela começa a agir como uma pessoa, e seu cérebro fica confuso. Eis o ponto: isso acontece porque você não trata sua mãe como uma pessoa.

Não é inteiramente culpa sua que seus pais normalmente não pareçam pessoas com uma vida de verdade.[3] Muitos pais amorosos escondem seus próprios sentimentos sobre as coisas reais para que seus filhos se preocupem o mínimo possível e cresçam felizes e confiantes. Mas há uma diferença entre justificar seus sentimentos e justificar um comportamento babaca. Talvez a sua família o tenha aturado até agora por se preocupar com sua autoestima, por estar chocada demais para saber como responder, cansada demais para brigar ou simplesmente com medo de fazer a coisa errada e você acabar nos programas policiais.

---

1 Ela provavelmente disse algo como: "Eu GOSTARIA que pelo menos uma vez AS PESSOAS AQUI pensassem em ALGUÉM ALÉM DE SI MESMOS!"

2 Descanse em paz, Prince. Nunca me esquecerei de você, minha pequena alteza púrpura.

3 Papo sério: se você sabe plenamente que seus pais são seres humanos porque decepcionaram você — não do jeito "se esquecer de assinar a autorização de passeio", mas de um modo sério, do tipo "algo que não deveria acontecer a uma criança" — eu lamento muitíssimo. Você merece algo melhor.

Vamos deixar isso nítido. Entendo que você tenha grandes medos e frustrações em sua vida cotidiana, suas relações pessoais e o SEU FUTURO. Sei também que esses sentimentos podem ser intensos. O impacto disso é assustador, seus hormônios estão em fúria e você ainda está desenvolvendo as habilidades necessárias para lidar com o que acontece dentro da sua cabeça. Mas se acha que isso lhe dá o direito ser um escroto com a sua família, você é um babaca.

SEUS PAIS NÃO SÃO SEUS EMPREGADOS

NÃO DIGA AOS seus pais o que fazer. *Peça* a eles. Gentilmente, como se seu próximo passo de fato dependesse da resposta, não enquanto já estiver fazendo a coisa que está "pedindo". Se a resposta for não, não tenha um machilique.[4] Gritar, ficar com o rosto vermelho, bater portas e pisar duro não convencerá seus pais de que você é suficientemente maduro para fazer o que quer.

COISA IDIOTA A DIZER	ALGO MELHOR A DIZER
Vou pegar o carro.	Será que eu poderia pegar o carro para treinar [algo que acontecerá daqui a tantas horas — ou mesmo dias]? DICA: Tente não pedir já com as chaves na mão.
Eu preciso de uma [calculadora, camisa de banda musical, painel] para a escola hoje.	Será que você podia me ajudar a conseguir a [coisa] que meu professor pediu? Vou precisar disso semana que vem ou [diga o que vai acontecer se não conseguir até lá]. DICA: Seu professor é seu chefe, não chefe dos seus pais. Você ainda tem de pedir. Com antecedência.[5]

QUADRO 2: *Como conseguir dos pais aquilo que você quer*

Vou sair com os amigos.	Tudo bem se eu encontrar o pessoal na lanchonete e depois for à casa do Jake [em determinado momento do futuro]? DICA: Dê alguns detalhes sobre o que vai fazer para que seus pais tenham informações para tomar uma decisão. Se não houver uma *decisão* envolvida, tecnicamente você não está *pedindo*.
Preciso de roupas novas.	Será que poderíamos fazer compras no fim de semana? Estava pensando em tênis novos [mas posso esperar se não tiver tempo ou o orçamento não permitir]. DICA: Não babacas sabem a diferença entre "quero" e "preciso", e compreendem que embora tempo e dinheiro sejam constructos imaginários, eles de fato têm limites no mundo real.

---

4 Um "machilique", ou chilique de macho, é exatamente a mesma coisa que um chilique de uma criança pequena, a não ser pelo fato de que é dado por alguém cuja voz mudou e/ou tem mais de um metro e meio. Em outras palavras, não é fofo.

5 Neste caso, "antecedência" significa enquanto um pedido on-line ainda é possível. Seus pais não adoram reorganizar seu dia inteiro para lidar com a sua "emergência". Nem adoram trocar de roupa e sair de novo porque você "acabou de se lembrar" de que "precisa" de algo.

COISA IDIOTA A DIZER	ALGO MELHOR A DIZER
Não tem nada para comer.	Eu acabei com o [leite, pão, cereal, barra de cereais, manteiga de amendoim, dúzia de maçãs — qualquer coisa que tenha acabado de jogar na sua enorme boca]. Será que poderia passar no mercado na volta para casa? DICA: O pedido será muito mais bem recebido se você o fizer, por texto ou telefone, antes que o pai em questão esteja em casa.
O pessoal vem para cá.	Tudo bem se o pessoal vier aqui [em determinado momento no futuro] para [especifique a atividade] no [especifique qual cômodo precisa de limpeza]? Será que a gente poderia comprar alguns [especifique o enorme volume de comida esperado]? Pontos bônus: indique quantos são e até que horas ficarão.

NÃO DESCONTE TUDO NA FAMÍLIA

VOCÊ TEVE UM dia ruim. Não seja um babaca e desconte nas pessoas que o amam. Eles também são seres humanos, por mais chocante que isso possa parecer agora.

Eis outro termo chique de psicologia para você: *permanência do objeto*. É o estágio em que um bebê se dá conta de que um bloco de madeira debaixo de um cobertor ainda é um bloco de madeira. Você entendeu essa, mas já se deu conta de que sua família humana ainda existe quando não está com ela? Eu garanto, sua família não desaparece. Enquanto você estava na escola, seus pais também tiveram um dia. Talvez tenham passado realizando tarefas nada recompensadoras com o objetivo de tornar sua vida melhor. Eles não merecem ser tratados como lixo porque seu treinador, seu grande amor ou qualquer outra pessoa não foi legal com você.

Faça uma experiência: na próxima vez em que seu pai perguntar o que aconteceu no dia, em vez de responder "Nada", por que não conta a ele sobre o professor cretino do terceiro tempo que não o deixa entrar sempre que seu professor ainda mais cretino do segundo tempo o prende até tarde? Você pode relaxar um pouco, talvez receber alguma empatia, talvez até mesmo desenvolver uma estratégia. Assim, em vez de explodir irracionalmente com quem você acha que é o responsável pela geladeira vazia (que, na verdade, é você) ou o uniforme sujo (também você), pode baixar a bola e agir como uma pessoa normal.

Mas seu pai pode não ser nada empático. Lamento por isso. De verdade. Realmente não sei por que tantos pais são assim. Talvez porque os pais deles fossem assim e eles tenham adquirido uma ideia terrivelmente antiquada do que significa "ser homem".[6] Você terá de descobrir outra forma de lidar com seus sentimentos e evitar tratar mal a sua família (sim, incluindo ele). Se você não tem um amigo ou aliado, precisa arrumar um. Uma pessoa que possa procurar usando qualquer tecnologia que o deixe mais à vontade. Isso parece possível, certo? [7]

Não? Certo, então você vai ter de encontrar outro jeito. Talvez seja malhar, ouvir uma música, um *podcast*, tirar um cochilo — um caminho seguro e garantido para desacelerar seu cérebro, reduzindo as marchas até conseguir lidar com as coisas que não funcionam como você queria numa velocidade não babaca. Não escolha bebida, drogas, cigarros ou *vape*. Essas coisas viciam e podem matar você

---

6 Pais têm sentimentos, eu garanto. As mães entendem dessas coisas. Se aceitar meu conselho e falar sobre o que está acontecendo em vez de seguir o exemplo estoico dele, talvez seja possível ajudar seu pai a se abrir e lhe mostrar um caminho melhor do que fingir que nada o afeta e depois surtar quando alguém dá uma fechada no trânsito.

7 Seja um cara legal e aproveite para pensar em ser essa pessoa para alguém.

lentamente, então programar seu cérebro intencionalmente para precisar delas para sobreviver ao dia talvez não seja a melhor ideia.

Se precisar de algum tempo para esfriar antes de encarar a família, diga isso claramente. Mas eis um toque: se você conseguir manter o tom de sua voz adulta o mais despido de fúria possível, é melhor. O tom é importante. O objetivo é uma voz calma, baixa e equilibrada — Muito mais Bob Ross[8] do que Bobby Knight.[9] Compare.

Eu preciso de MEIA HORA para pensar! Podemos esperar TRINTA MINUTOS?!

Eu preciso de meia hora para pensar. Podemos esperar trinta minutos?

---

[8] Bob Ross é uma pessoa real que tinha um programa na emissora de TV norte-americana PBS tão antes do seu tempo que hoje é retrô-*cool*. Ele fazia uma pintura e falava sobre a obra com uma voz baixa e serena. Só isso. Esse era o programa. Não estou brincando. Procure no YouTube.

[9] Bobby Knight foi o técnico do time de basquete masculino da Universidade de Indiana, conhecido por arremessar cadeiras, lendário por ganhar jogos ou ter machiliques épicos, depende se a pessoa que o descreve é um babaca ou não. Procure no YouTube. E nunca faça nada do que assistir.

TRATE MELHOR SEUS PARENTES

HOUVE UMA ÉPOCA em que quando alguém no parquinho dizia um nome feio, a resposta padrão era: "Você beija a sua mãe com essa boca?" A ideia era que aquela boca suja respeitava a mãe *mais* do que qualquer outro, e deveria estender um pouco desse respeito aos colegas de turma. Acredite ou não, valentões desbocados ficavam realmente constrangidos com isso.

ALERTA DE BABACA

✱

Fazer cara de tédio para a mãe na loja, com todas as outras mães vendo.

Nada desperta mais minha visão periférica do que ouvir alguém da sua idade falando com a mãe em um tom desrespeitoso que estou absolutamente certa de que nunca usaria com o treinador, o professor, os amigos ou até mesmo um completo estranho. Como pode ser correto ser agressivo com a pessoa que dedicou a vida à sua saúde e felicidade, mas depois mandar um jovial "Sem problemas!" para o caixa preguiçoso que demora para atender você? É um mistério. Veja bem: se continuar falando com sua mãe como se ela fosse cocô de cachorro na sola do tênis *que ela comprou*, acabará tendo de enfrentar as consequências.[10]

✱

Um babaca trata a família pior do que trata completos estranhos.

Um não babaca é educado.

Um cara legal dá à família:

---

[10] Se alguma mãe estiver lendo isto, sinta-se à vontade para lembrar seu filho desrespeitoso de onde exatamente ele veio, usando a palavra "vagina" em voz alta na loja, ou onde quer que esteja. Eu darei todo apoio, concordando e fazendo um silencioso sinal universal de paz.

* *o mesmo benefício da dúvida que dá a estranhos*

* *o mesmo respeito dirigido ao técnico*

* *a mesma paciência para com o amigo mais sem noção e*

* *a mesma gentileza dirigida aos amigos.*

DESCULPE: NÃO HÁ PALAVRAS MÁGICAS

NA SUA INFÂNCIA, os Velhos podem ter passado a você a ideia errada insistindo: "diiiiga a pa-la-vra máagicaaa!" Eu odeio destruir a ilusão, mas não existe palavras mágicas. O que você *diz* não importa tanto quanto o que você *faz*.

Mesmo que sempre sejam pegos de surpresa pela câmera frontal do celular, seus pais não são idiotas. Eles sabem que quando você acrescenta um dramático ou comovente "por favor!" no final da sua exigência daquilo a que acha ter direito, não está realmente pedindo permissão. Também sabem que quando você resmunga um relutante "obrigado", não está sentindo nem um átimo de gratidão, mas resentido por ter sido obrigado a pedir.

Mas o pior — para eles e para você —, o pior de tudo, é que eles sabem instantaneamente, em função do tom distraído do seu "desculpe", quando você não está sendo nem um pouco sincero. Para não ser um babaca, você precisa aprender a se desculpar de verdade.

1 - *Saiba pelo que está se desculpando.* O que fez de errado? Responder essa pergunta não é divertido, porque você precisa examinar seu comportamento e determinar onde há problemas. Faça mesmo assim. Pense nisso (com seu cérebro, e preferencialmente por mais de um minuto). Se não descobrir em que ponto errou, nunca irá aprender.

Se você honestamente não sabe o que fez de errado (depois de pensar nisso com seu cérebro por mais de um minuto), pergunte. Não de um modo passivo-agressivo: "Obviamente vocês acham que eu sou TERRÍVEL e não consigo fazer NADA certo. O QUE foi desta vez?". Mas algo ao estilo cara legal, como "Ei, eu acho que devo pedir desculpas, mas estou confuso sobre o que aconteceu. Podemos conversar?". E eis o segredo: escute a resposta. A resposta toda. Ouça a pessoa até o fim sem ter um machilique. Não comece com explicações e justificativas. Deixe a pessoa acabar de falar. Tente imaginar a situação do ponto de vista do outro. Então agradeça à pessoa e tire um tempo para pensar, dizendo: "Obrigado pela conversa. Vou pensar sobre o que você disse."

2 – *Saiba a quem deve desculpas.* Isso demanda alguma análise superior, porque — talvez você queira anotar caso caia na prova — *pode ser a mais de uma pessoa*. Grandes burradas costumam desapontar muita gente. Quem você decepcionou? Seus amigos? Seus colegas de escola? Seus pais? Pense nisso (com seu cérebro, por mais de um minuto). Se alguém está sendo frio, suspirando, baixando os olhos ou balançando a cabeça quando você passa, considere isso uma boa pista.

3 – *Responsabilize-se pelos seus atos.* Para se desculpar devidamente, precisa dizer o que fez, começando pela palavra "eu". Não precisa fazer um discurso, mas precisa uma quantidade suficiente de palavras para que o outro saiba que *você sabe* exatamente o que fez de errado.

péssimo: Desculpa se você ficou chateado.

melhor: Desculpa por ter dito que seu novo corte de cabelo faz você parecer Dwight Schrute. Eu sou um idiota.

4 – *Não faça pedidos de desculpas condicionais.* Só babacas pedem desculpas condicionais. Se inclui as palavras "se" ou "mas" em seu suposto pedido de desculpas, você é um babaca e um desonesto.[11]

o pior: Desculpa se você entendeu errado.

melhor: Desculpa por ter dito que você é um completo idiota. Talvez os Lions nos surpreendam este ano.

5 – *Escolha o lugar e o momento certos.* não se desculpe por escrito. O som de suas desculpas precisa sair de sua boca e entrar direto pelo ouvido da outra pessoa, de preferência enquanto você olha nos olhos dela. Não mande mensagens de textos, e definitivamente não faça um *mea culpa* vago nas redes sociais — isso é ridículo. Tenha coragem e enfrente. Telefone caso seja preciso, mas peça desculpas pessoalmente assim que puder.

6 – *Aquela atitude que fere as pessoas? Não faça de novo.* Essa é a coisa mais importante de todas no que diz respeito ao pedido de desculpas. A parte do "aprendi a minha lição". A parte do "não vou fazer isso de novo". Se você *diz* que lamenta, mas dá as costas e faz de novo, todos verão imediatamente que seu pedido de desculpas não significa nada. O amor de sua família é incondicional, mas sua confiança, não. Você pode achar que não é nada demais quando está se desculpando por uma coisa menor, como se esquecer de trazer as latas de lixo para dentro, mas o simples fato de que precisa se desculpar é um sinal claro de que isso só é algo menor *para você*. Volte ao nº1.

Dica bônus para reduzir a pressão sanguínea dos pais: Seus pais prefeririam não passar o tempo dando repetidos sermões sobre expectativas básicas da vida. Eles não acordam de manhã esperando que você deixe suas roupas jogadas no chão para que possam fazer sua interpretação preferida de "Quem você acha que limpa as coisas por aqui?" Você pode impressioná-los com sua maturidade e seu crescimento fazendo coisas sensatas como colocar as roupas sujas no cesto, não deixar pratos na pia e baixar o assento da privada. Faça suas tarefas domésticas e guarde as desculpas para as coisas maiores.

---

11 E talvez devesse pensar em entrar para a política.

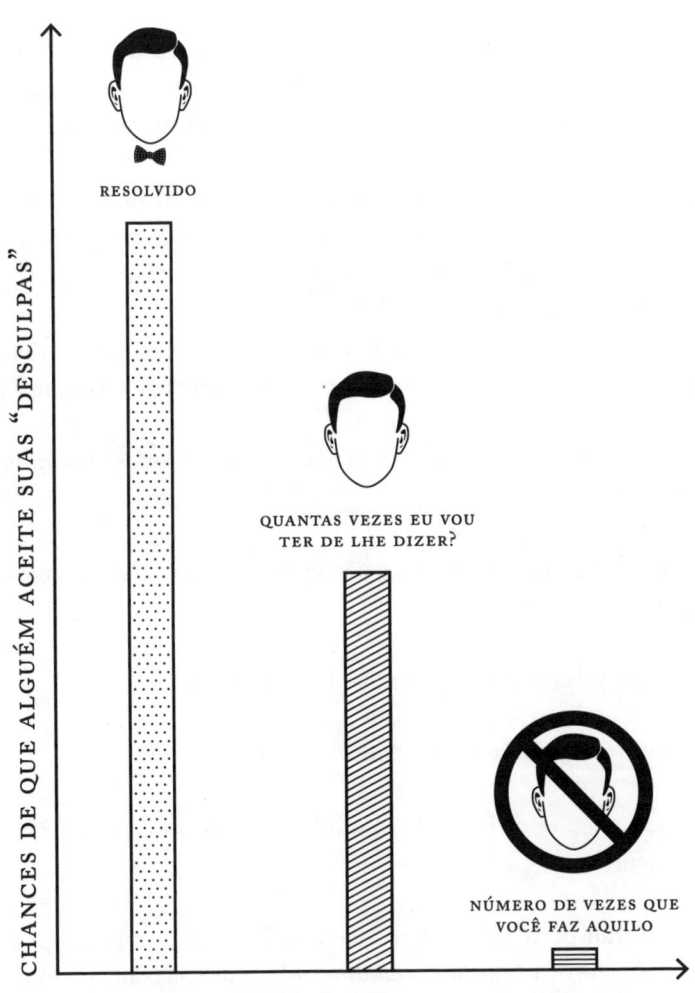

IMAGEM 4: *O limite das desculpas*

VOCÊ PODE VOLTAR PARA CASA DE NOVO (SÓ NÃO F*DA COM TUDO)

PASSOU MAIS DE uma noite fora de casa? Acampamento de verão? Faculdade? Reformatório? Se saiu, viveu coisas novas e voltou evoluído como pessoa, isso é ótimo. E se ainda não, não se preocupe. Logo chegará sua vez de partir. E você partirá.[12]

Independentemente de qual estágio você esteja nesse processo, há algo que precisa saber. Só babacas acham que sair de casa temporariamente ou completar dezoito anos significa magicamente que não precisam mais dar satisfações a ninguém e podem fazer o que quiserem.

Para começar, tornar-se um adulto é um processo. Use esta lista de típicas tarefas adultas para determinar quão perto está de se tornar um membro da equipe principal.

- Você cozinha? Com comida comprada por você? Com seu próprio dinheiro?

- Faz a limpeza? Regularmente, e não apenas quando alguém ameaça jogar todas as suas coisas no meio da rua?

- Lava as próprias roupas? Antes que fiquem duras?

- Tem dois lençóis na sua cama e duas cortinas no chuveiro?[13]

- Paga pelo lugar onde mora? Com dinheiro? Que você ganhou? Legalmente?

- Paga seu transporte? Não apenas combustível, mas também a prestação do carro e o seguro? O cartão de crédito cadastrado na conta do uber é o seu, não de um dos seus pais?

- Paga a conta do seu celular? Ninguém está interessado na sua justificativa de ficar no plano familiar para ser mais barato. Basta um sim ou não, por favor.

---

12 Você vai, certo? CERTO? Claro que vai.
13 Sim, duas cortinas de chuveiro. Uma é proteção. Vá à loja e compre.

- Sabe como lidar com o banco? Com os correios? Marca as próprias consultas médicas e não entra em pânico quando pedem informações sobre o plano de saúde?

- Assiste à PBS?[14] De propósito?

A não ser que tenha respondido sim a todas as perguntas, você ainda não é um adulto. Sempre que ficar pensando em por que seus pais não o tratam como um adulto, dê uma olhada nesta lista e talvez tente dar sim a um item ou outro. Voluntariamente. Por falar nisso, nenhum problema em precisar de todas essas coisas!

Seu processo de crescimento também é um processo para os seus pais. Embora os sinais fossem evidentes desde o momento em que você passou a existir, eles simplesmente não conseguem acreditar que está acontecendo — talvez por causa de algum ponto cego darwiniano que os leva a vê-lo ainda como um bebezinho desamparado, para que possam continuar cuidando de você em vez de dar um pé na sua bunda. Pare de *dizer* a eles que é um adulto e comece a *mostrar*.

SEJA DÓCIL: COMO VOLTAR PARA CASA

* *Quando for para casa, não diga que está apenas de visita.* Acredite em mim, isso é como uma faca no coração. Simplesmente diga que está indo para casa. Todos adoramos o som disso.

* *Você não é o Rei do Universo.* As pessoas podem ficar contentes em vê-lo. Podem querer mimá-lo. Aproveite, mas não aja como se merecesse isso. Se quer ir para casa como um herói conquistador, dê duro. Lave as suas coisas e aja como se não fosse nada demais. Dê uma folga aos irmãos caçulas que deixou para trás, e tire a mesa.[15] Ajude alguém sem que precisem pedir. Isso vai deixá-los chocados.

* *Pergunte sobre as nossas vidas.* Lembre-se: quando você está fora, sua família continua a existir. Pode demonstrar seu domínio desse conceito adulto perguntando a todos o que aconteceu enquanto estava fora, assim

---

14 PBS é uma rede de televisão norte-americana que pessoas velhas assistem. Em uma televisão de tamanho normal.

15 Caso você ainda não tenha se dado conta, quando você fica mais velho começa realmente a apreciar os irmãos, então tente não ser um babaca com eles, mesmo que eles mesmos sejam mais jovens e ainda babacas. Acredite em mim. Ninguém *nunca* vai rir mais das suas imitações do papai e da mamãe.

provará que sua mente em desenvolvimento é capaz de reconhecer a existência continuada de sua família quando ela está longe de você. DICA: Escute o que sua família diz e peça que contem mais. Não passe imediatamente para um assunto seu, o que indica que na verdade está se lixando.

* *Não suponha que é a pessoa mais inteligente ali.* Seus pais ficarão empolgados de saber que o dinheiro que investiram em educação está rendendo, mas não há como, em apenas quinze semanas, você se tornar a única pessoa na Terra a saber tudo sobre qualquer tema. Você aprendeu coisas. Parabéns. Não seja um babaca por causa disso. Só porque agora você realmente compreende estatística não significa que deva destruir o resto dos nossos sonhos em ganhar na loteria. (*Ver também*: Você fez uma aula de cinema e agora nunca mais poderemos ver um filme juntos.)

* *As coisas não mudaram. Elas só mudaram para você.* Você ficava de castigo antes de sair de casa? Tinha de pedir antes de usar o carro? Esperavam que voltasse para o jantar? Só porque as regras fora de casa são diferentes, não significa que as regras da casa tenham mudado. Se você acha que uma regra da casa deve mudar, peça. Calmamente. Como um adulto na fila dos correios tentando, com simpatia, convencer a funcionária a atender só mais um cliente antes do intervalo para almoço.[16] E se seus pais não lhe derem a resposta que quer, evite dar um machilique. Talvez eles fiquem impressionados com sua reação madura e continuem pensando nisso.

* *Responda imediatamente chamadas e mensagens de texto das pessoas que o amam o bastante para mantê-lo no plano familiar de celular.* Faça isso antes que elas surtem e comecem a pensar em ligar para hospitais e delegacias, o que costuma acontecer em mais ou menos uma hora. Pais têm imaginações férteis, frutos de tanto de ver tanto *CSI*, então retorne a ligação rapidamente com uma prova de que está vivo e se poupe do drama.[17]

* *Caras legais chegam com presentes.* Você certamente pode dar uma parada de emergência em uma lojinha na estrada ou na livraria da faculdade e comprar garrafas térmicas idênticas para todos, mas os melhores presentes

---

16 Estou lhe dizendo: habilidades nos correios são determinantes.

17 Quando o "chamado" dos seus pais é gritado escada abaixo na direção de sua sala de jogos, diga "Sim?" em vez de "O QUÊ" — que soa muito raivoso e grosseiro em sua voz de homem. Tenha cuidado com essa voz de homem!

mostram que realmente conhece uma pessoa, que a *entende* — do que ela gosta, o que espera ou quem é. Você conhece sua família melhor do que conhece qualquer um. Pense, e gaste mais tempo que dinheiro. Você consegue.

* *Faça com que seja censura livre.* Você gosta de imaginar seus pais transando? Que surpresa. Eles também não querem imaginar você fazendo isso. Seus pais não estão prontos para lidar com suas *escapadas sexuais* — ou suas ressacas, aliás, então não comece a tomar a cerveja deles. Ah, e eles conhecem o cheiro de maconha, mesmo que você tente soprar pela janela. Você não vai passar muito tempo em casa. Lide com isso.

4

DEIXE DE SER BABACA NO TRABALHO

SUPONDO QUE VOCÊ ESTÁ SEGUINDO O PLANO DE GANHAR DINHEIRO, SE MUDAR e ter uma vida, precisará de um emprego. Você pode ter uma ideia errada sobre trabalho por causa de frases inspiradoras do Instagram como "Faça o que gosta e não irá trabalhar um único dia em sua vida". Também pode ter ficado confuso com o número de pessoas (normalmente aquelas preocupadas com suas escolhas de faculdade) lhe dizendo que você precisa "descobrir qual é a sua paixão".

Choque de realidade: a maioria das pessoas trabalha para conseguir dinheiro. Se você tiver sorte conseguirá um trabalho que lhe pague o suficiente para compensar os pontos negativos. Lamento ser a portadora das más notícias, mas esse emprego provavelmente está muito distante de você. Por hora a sua maior habilidade profissional é a capacidade de fazer coisas que parecem tediosas e sem sentido sem se comportar como um babaca.

Pense em sua lembrança mais gloriosa. Talvez tenha sido aquele jogo fantástico em que você fez jogadas incríveis e marcou todos os pontos. (Coloque aqui a sua própria lembrança). Uau. Aquilo foi impressionante! Mas tem de admitir que para chegar lá você trabalhou duro. Desmaiou e vomitou cem vezes nos treinos, mas quando o momento chegou, sua dedicação rendeu frutos. Você teve uma verdadeira sensação de realização, a admiração dos colegas e (muito provavelmente) um belo troféu reluzente.

Eu odeio ter de contar, mas no trabalho você não ganha o troféu. Você corre sem parar, vomita, e outra pessoa cruza a linha de chegada, recebendo a medalha "pela equipe". O trabalho simplesmente é assim. Às vezes é uma bosta, mas você não pode ser babaca por conta disso, porque se você for, eles param de lhe dar dinheiro. Isso é o que os Velhos chamam de "conquistar o seu espaço".

Se o "nível básico" não é exatamente a sua meta, você precisa começar a pensar em como chegar ao topo. Agora. Sim, mesmo que ainda não tenha um emprego. O segredo em dois passos para suportar todo emprego de merda e passar para um melhor é:

1 Garantir que o emprego atual o coloca um pouco mais perto de um emprego que você realmente quer.

2 Aproveitar toda oportunidade que tiver.

O QUE VOCÊ QUER FAZER?

SE VOCÊ SABE o que quer fazer, pode começar a traçar um caminho que o leve até lá. Por isso os Velhos ficam lhe dizendo para "descobrir sua paixão". Parece sensato, certo?

Mas como você pode saber qual é a sua paixão quando fica o dia inteiro preso na escola e não pode fazer nada que quer? Uma boa notícia: a parte da sua vida em que você pode experimentar coisas novas e decidir se gosta delas ainda está por chegar. Pare de se preocupar com descobrir sua "verdadeira paixão" e apenas pense nisto:

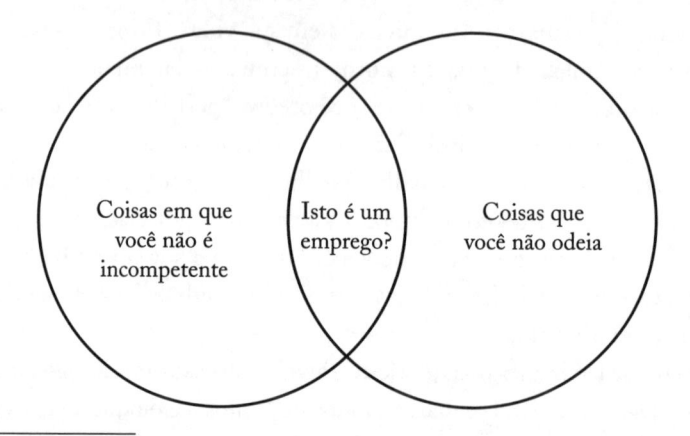

IMAGEM 5: *Paixão, ou como arranjar um emprego*

Se esse é o seu primeiro emprego, talvez você só tenha informações suficientes para ter uma ideia muito genérica dessas duas categorias, como "computadores" ou "música". Sem problemas. Quanto mais genérico você é, mais fácil descobrir um emprego em que possa aprender um pouco sobre essa coisa. Se não é incompetente em jogos e não odeia ficar ao ar livre, ótimo! Instrutor de acampamento é um emprego. Se você conseguir um emprego de instrutor de acampamento e adorar, bom! Você sabe que está no caminho certo. Se odiar, ótimo! Agora sabe que deve riscar esse item da lista da próxima vez.

Mesmo que odeie o seu emprego — *principalmente* se odeia o seu emprego —, você não pode ser um babaca no trabalho. Para começar, eles o estão pagando para não ser um babaca. E depois, se você for demitido ou deixar as pessoas putas, perderá o Bilhete Dourado para o próximo emprego melhor: a recomendação. Seu chefe e seus colegas podem pensar em você quando souberem de uma nova oportunidade, ou não. Eles podem avisá-lo sobre essa nova vaga, ou não. Eles poderiam até recomendar você, ou não. Não espere até precisar de uma referência para avaliar se seu chefe e seus colegas o recomendariam. Você chega na hora? Dá duro? Como recebe críticas? Colabora com outros membros da equipe? Termina o que começa? Os Velhos chamam isso de reputação, mas hoje as pessoas chamam de *personal branding*. Não permita que a sua marca seja a de um babaca.

> *Babacas desperdiçam oportunidades de avançar sendo demitidos ou pedindo demissão.*
>
> *Não babacas comparecem, fazem o que se espera deles e saem com uma boa recomendação.*
>
> *Adorando ou odiando, os caras legais dão duro o suficiente para que sua falta seja sentida quando partem, construindo uma rede de apoio.*

UM POUCO DE DINHEIRO TEM... BEM... UM PEQUENO EFEITO

HÁ OUTRA VERDADE terrível que você precisa saber no início de toda essa coisa de trabalhar: em geral, quando se está começando, quanto menos atraente é o emprego, menos ele paga. Sei que isso não faz sentido, mas eu não estou no comando. Não espere que seu primeiro salário lhe garanta o mesmo nível de vida que seus pais proporcionavam para você. Seus pais trabalharam duro. Por muito, muito tempo. Eles provavelmente estão traumatizados com a lembrança para lhe dizer quão pouco dinheiro tinham quando começaram a trabalhar. Se fizessem isso, você poderia nunca sair de casa. Mas provavelmente eles também nunca mencionaram como era especial quando poupavam um pouco e se permitiam sair para um jantar meia-boca. Se você tiver cuidado com seu dinheiro e trabalhar duro, também poderá desfrutar de restaurantes de merda!

Outra coisa — lamento, sei que são muitas notícias ruins. O que você recebe por hora, multiplicado pelo número de horas que trabalha NÃO corresponde ao dinheiro que recebe. Impostos (federais, estaduais *e* municipais), sua parcela em quaisquer benefícios que seu empregador ofereça[1] e muitas outras coisas estranhas nas quais você nunca pensou são descontadas antes que o dinheiro seja depositado na sua conta. Não comece a gastar antes do primeiro pagamento, pois é quando você descobrirá o quanto realmente está recebendo. Trabalhadores adultos chamam isso de salário "líquido". A esta altura você deve estar começando a compreender que o objetivo em todo emprego pessimamente remunerado é passar para um emprego menos pessimamente remunerado o mais rápido possível. Agora está pronto para aprender a trabalhar.

---

[1] "Benefícios" faz parecer que seu empregador paga por eles, mas com frequência os custos são divididos. Peguei você!

APRENDA O BÁSICO: COMO TRABALHAR

EM TODO NOVO emprego, a primeira coisa que você deve descobrir é como ser útil. Sua primeira pista será compreender a função para qual eles o contrataram. Mas o mistério é maior. Quais tarefas não são feitas porque as outras pessoas detestam fazer? Faça elas. O que deixa o chefe feliz? Faça mais disso. O que deixa o chefe mal-humorado? Faça menos disso. Quem todo mundo olha de rabo de olho? Não seja essa pessoa. Quem todo mundo adora? Seja mais como essa pessoa. Se tudo isso parece um pouco abstrato, é porque seu valor realmente depende da situação e do conjunto de pessoas específicos do seu trabalho em particular. Mas há algumas formas universais de ficar fora do território dos babacas e se tornar o melhor jogador em campo.

* *Durma o suficiente para chegar na hora e fazer um bom trabalho. Todo dia.* Claro, horário de trabalho é horário de trabalho e horário de folga é horário de folga, mas se você for trabalhar sem ter tomado banho e de ressaca porque passou uma noite bebendo, jogando ou transando, você é um babaca. Seu chefe está lhe pagando para *trabalhar*, não para agraciar a empresa com sua presença física. Se você tem o tipo de emprego em que a segurança das pessoas depende da sua atenção, é melhor chegar descansado e alerta. Se tem o tipo de emprego em que acha que ninguém percebe se dá conta de, digamos, 12 ou de 25 centímetros de papelada — está errado. As pessoas reparam.[2]

* *Seja responsável*. Na verdade, é bastante simples. Faça o que tem de fazer, quando tiver de fazer. Mesmo que se revele mais difícil ou mais complicado do que esperava, descubra como terminar essa merda. Algumas das merdas que você tem de fazer serão terríveis. Faça mesmo assim. Algumas vezes, talvez na maioria das vezes, você não vai querer fazer. Lembre-se: essa merda é a razão de ter um emprego. É por isso que você recebe. Então faça. Nada é sem valor se alguém está disposto a pagar por isso.
   Se seu chefe e seus colegas passarem a contar com você para que as coisas sejam feitas, em geral você conseguirá manter o emprego. Se fizer *mais* do que esperavam, e conseguir fazer *mais rápido* do que se esperavam, está no rumo de um emprego *melhor*. Seu chefe poderá lhe dar outra merda menos terrível

---

[2] Se você em algum momento fechar os olhos no trabalho "só por um segundo", não estará justificando seu salário. E certamente alguém verá e falará sobre isso a semana inteira. Ou para sempre.

para fazer. No mínimo ele não terá escolha a não ser lhe dar uma recomendação Bilhete Dourado quando você encontrar algo melhor. Seja como for, é difícil manter um cara legal.

* *Peça ajuda.* Pode ser aterrorizante dizer ao chefe que precisa de uma explicação, especialmente se já viu como fazer o trabalho e ainda assim não consegue fazer direito. Mas é o seguinte: as consequências inevitáveis de fingir conhecimento superam completamente o constrangimento momentâneo de pedir ajuda. As pessoas que apenas *fingem* saber o que estão fazendo podem ferrar as coisas de formas incríveis. Não seja esse babaca. Pergunte caso ainda não tenha entendido.

* *Tome cuidado com a tecnologia.* Você pode estar certo de que consegue encher as prateleiras, preparar salada ou inserir informações quando motivado por sua *playlist* perfeita, mas o que realmente importa é o que seu chefe pensa sempre que tem de esperar que você tire os fones de ouvido.[3] Da mesma forma, você pode ser cem por cento capaz de enviar algumas mensagens de texto em uma reunião, mas você foi convidado para estar ali por um motivo.[4] Você pode achar que é o primeiro grande multitarefas que sua empresa já viu, mas, acredite em mim, não é. Se ninguém mais tem três telas abertas e fones de ouvido para abafar o ruído, deve haver uma boa razão. Talvez porque alguém — quem sabe alguém que aprova as horas trabalhadas — relaciona concentração a disciplina? Ou talvez não haja problema. Não suponha. Pergunte.

E-MAIL: UMA INEFICIENTE
MAS SÓLIDA TRADIÇÃO DE TRABALHO

* Leia todos os e-mails. Sim, inteiros. Eu sei! Tantas palavras!

* Se o e-mail for dirigido a você pessoalmente, responda. Devolver um "Entendi!" ou "Vou fazer!" significa que você recebeu e vai cuidar disso. Não responder significa... Quem sabe? Recebeu? Recebeu, mas não leu? Leu e ignorou? Deixar as pessoas na dúvida não é uma boa estratégia.

* Imite até descobrir o que é o quê. Se alguém envia um e-mail usando o estilo dos Velhos, você deve responder com frases inteiras. Se as pessoas

---

[3] Opção 1: Olhe para ele! Está totalmente concentrado. Opção 2: Por que estou pagando para ele ouvir *podcasts* enquanto eu fico aqui em pé esperando?

[4] É só um palpite, mas essa razão provavelmente não é ver você mandando mensagens.

começam os e-mails com "Olá!", responda "Olá!", ou você pode parecer um babaca. UMA EXCEÇÃO MUITO IMPORTANTE: Não participe de qualquer competição de agradecimentos nem caia na armadilha do Responder a Todos.[5]

* *Você não está no trabalho para fazer amigos.* Você pode fazer amigos no trabalho. Na verdade, provavelmente, fará. Trabalhar com pessoas com quem se identifica é ótimo. Torna mais fácil se levantar e começar o dia pela manhã. Torna a jornada de trabalho mais prazerosa. Pode até ajudar a realizar as tarefas. Mas fazer amigos não é a *razão* pela qual você vai trabalhar. Ganhar dinheiro é a verdadeira razão. Então, se as consequências sociais de suas decisões de trabalho se tornam mais importantes que as consequências profissionais, você tem um problema. Se você tem um problema, seu chefe tem um problema. Não crie problemas.

  Por exemplo, você se vê concordando mais com as ideias profissionais de pessoas com as quais se sente mais confortável? Só apoia as pessoas de que gosta? Ou que gostam de você? Quais colegas estão em seu grupo do WhatsApp? Para quem você está mandando mensagens de texto? Essas pessoas por acaso são da sua idade? Ou raça? Ou gênero? Não seja vítima de suas próprias tendências inconscientes. Pense em quem deveria ser incluído. Pense em *por que* você gosta ou não de uma ideia. E lembre-se: trabalho é trabalho.

* *Aprenda a linguagem (e a não usá-la).* O trabalho é meio que uma cena de um filme sobre a máfia, com alguns cavalheiros de pé, agindo normalmente, e um deles diz, descontraidamente: "Acho que podemos ter um probleminha com Paulie." Os indivíduos presentes compreendem imediatamente que "podemos ter um probleminha" significa "decididamente temos um grande problema". Um deles concorda e oferece em voz baixa: "Vou cuidar disso." Isso obviamente significa que Paulie está prestes a levar uma surra. O trabalho é um pouco assim — não com as surras, mas com o subtexto não dito. As conversas no ambiente de trabalho *sempre* dizem respeito ao subtexto.

  Quando você está no trabalho, não precisa expressar o grau de sua frustração, porque todos que trabalham lá também sentem isso. Eles já conhecem seu sofrimento. Ao contrário, você precisa traduzir o grito dentro de sua cabeça em uma comunicação calma e adequada ao ambiente profissional antes de abrir a boca. Se ajudar, imagine que está com uma escuta e seu chefe está ouvindo.

---

5 Se você *um dia* responder a todos em um e-mail para toda a equipe, eu irei atrás de você.

* *Aceite que na maior parte do tempo você não pode decidir.* Mesmo que sua ideia seja brilhante e que sua sugestão tenha sido apresentada da forma menos crítica e mais generosa, você poderá ser ignorado. Você não é o chefe. O chefe é o chefe. Engula, continue a receber o dinheiro e tente novamente em outra oportunidade. Nunca tenha um machilique no trabalho. Mas você já sabia disso, certo?

NÃO MANDE ISSO NO TRABALHO	TENTE ISSO E USE SUA VOZ MAIS SINCERA
Que maldita perda de tempo!	Para que isso será usado?
Não tenho IDEIA do que você está falando.	Poderia me dar mais informações antes de começar?
Vocês, idiotas, **já ouviram falar de XYZ?**	Vocês pensaram em usar XYZ?
Quem foi o IDIOTA que decidiu fazer isso assim?	Será que eu posso dar uma sugestão que nos pouparia tempo?
Você não sabe do que está falando.	Não sei se estou acompanhando. Poderiam repassar passo a passo?
ERRADO! Isso é muito errado.	Eu penso um pouco diferente.

QUADRO 3: *Tradutor para o trabalho, ou como falar em subtexto*

TAMBÉM HÁ OUTRAS PESSOAS TRABALHANDO

SEU PRIMEIRO EMPREGO pode ser seu primeiro contato com pessoas diferentes de você. Seus colegas podem ser mais velhos, de uma cultura diferente, ou até mesmo mulheres. Eles estão lá pela mesma razão que você: trabalhar. Não suponha que uma pessoa mais velha é totalmente inútil no que diz respeito a tecnologia, não pergunte a uma pessoa que não é exatamente como você de onde ela é, e elimine de seu cérebro a ideia de que as mulheres trabalham para receber elogios por seus corpos.

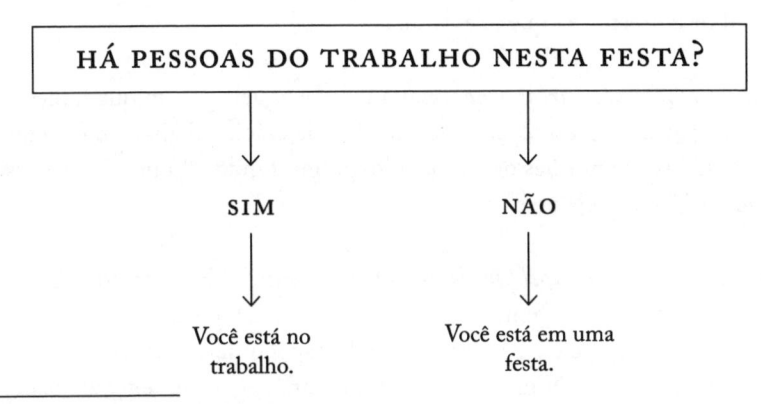

```
        ┌─────────────────────────────────────────┐
        │  HÁ PESSOAS DO TRABALHO NESTA FESTA?    │
        └─────────────────────────────────────────┘
                    │                     │
                    ▼                     ▼
                   SIM                   NÃO
                    │                     │
                    ▼                     ▼
            Você está no         Você está em uma
              trabalho.                festa.
```

IMAGEM 6: *Como nunca se constranger ou arruinar sua carreira nas festas da empresa*

TUDO O QUE VOCÊ PRECISA SABER SOBRE TRABALHO, APRENDEU NO PRÉ-PRIMÁRIO

NERVOSO COM SEU primeiro dia no primeiro emprego? Não fique. Você aprendeu como lidar bem com os outros ainda no pré-primário, e deve ser muito mais fácil agora (supondo que não esteja com fome ou cansado demais).

* *Aceite o que tem e não se aborreça.* Alguns dias você é o primeiro da fila e alguns dias você é o lanterninha. Aceite qualquer trabalho que lhe dão e faça o melhor. Não seja o garoto choramingando no fim da fila. Seja o melhor lanterninha que já existiu.

* *Esteja pronto para arrasar nas reuniões.* Sabe aquele garoto que nunca quis participar das apresentações de trabalho da escola? Agora é o cara que vai a todas as reuniões despreparado, perguntando: "Sobre o que é isso mesmo?" Não seja esse cara.

* *Esqueça o lenço de papel umedecido.* Quando cair,[6] seja o garoto que se levanta e segue em frente com terra no rosto, não o garoto que precisa que a professora limpe ele com um lenço de papel umedecido. Nós estamos trabalhando aqui. Ninguém tem tempo para pegar um lenço de papel umedecido para você.

* *Fique acima dos comedores de cola.* Você acabou de cortar e colar seu dever e as pessoas ao redor ainda estão comendo a cola? Não fique sentado esperando que elas o alcancem ou, pior, não comece a comer cola também. Levante a mão e pergunte o que mais pode fazer depois de realizar a atividade proposta.

* *Não culpe seu amigo imaginário.* Você derramou suco por toda parte? Você (sussurro) teve um acidente? Não coloque a culpa em seu amigo imaginário nem invente uma longa história sobre como não foi sua culpa. Todos sabem o que aconteceu. Você ferrou com tudo. Simplesmente diga que ferrou com tudo, peça desculpas e ajude a arrumar.

* *Nem sempre é sua vez de brilhar.* Outras pessoas também podem ser a Estrela da Semana ou VIP. Quando for a vez de outra pessoa brilhar, lance

---

[6] Por falar nisso, se você nunca cair é porque não está se esforçando o suficiente.

uma luz na direção dela em vez de ficar no canto resmungando que deveria ter sido você: "Bela apresentação, Angela! Seus slides funcionaram muito bem!"[7]

* *Bons modos são importantes.* Assim como no pré-primário, no trabalho nós dizemos por favor e obrigado. No final do dia,[8] pense em quem lhe permitiu terminar a sua merda. Agradeça a essa pessoa, com palavras saindo diretamente da sua boca, enquanto olha nos olhos dela, de forma audível: "Obrigado por me ajudar com o relatório hoje, Toby!"

---

[7] Não espere que seu chefe o elogie como sua professora do pré-primário fazia. Por falar nisso, bom trabalho!

[8] "No final do dia" é algo que as pessoas dizem no trabalho como sentido de "Não tenho o menor interesse por nenhuma daquelas coisas sobre as quais acabamos de conversar. Nós vamos fazer o que estou prestes a dizer". Mas neste caso, quer dizer literalmente o fim do seu dia de trabalho, quando você está indo para casa.

MANTENHA DISTÂNCIA DOS BABACAS

UMA DAS MELHORES e piores coisas do trabalho é que há outras pessoas. *Melhor* porque outras pessoas o ajudarão a se situar, o orientarão e encorajarão e contribuirão para o seu sucesso.

Pior porque algumas dessas pessoas são babacas.

ALERTA DE BABACA
*

Sempre receber o crédito e distribuir a culpa.

Dependendo do tamanho do seu local de trabalho e da composição da sua equipe mais próxima, os babacas podem ser um incômodo eventual, ou podem tornar sua vida péssima. A pergunta que você acabará tendo de fazer a si mesmo é: eu estou ganhando o suficiente para lidar com esse babaca? — não em determinado dia, mas no trabalho como um todo. Se a resposta for sim, se os prós superarem os contras e você quiser ficar, terá de encontrar um modo de lidar com isso. Pode conversar com alguém do RH, tentar ignorar o babaca, buscar alguma maneira de ter empatia, rir dele ou evitá-lo. Mas, *o que quer* que você faça, não combata um babaca com babaquice. Assim que você exalar o menor sinal de babaquice, é muito improvável que cheire a rosas.

Caso a resposta seja não — se estiver lidando com uma pessoa tóxica ou abusiva e isso estiver afetando a sua vida fora do trabalho — você deve começar a pensar em sair.

COMO E QUANDO SAIR

SE VOCÊ CRIAR o hábito de se demitir terá muita dificuldade em seguir em frente. A cada emprego você precisa de tempo para conseguir a combinação de experiência e confiança que pode levar a novas oportunidades. Também é um desafio conseguir algum tipo de recomendação quando não permanece tempo suficiente para fazer o que disse que iria fazer. Antes de sair, pense em por que aceitou o emprego — como achou que ele o ajudaria a conquistar um objetivo maior —, e seja honesto consigo mesmo sobre se investiu tempo suficiente para conseguir o que queria. Aprendeu tudo o que há para aprender? Conheceu todo mundo que há para conhecer? Não há nada novo que possa fazer? Certo, então talvez seja hora de planejar a sua próxima jogada.

Caso contrário, quão ruim é? Talvez você tenha tido um dia de trabalho ruim. Talvez tenha tido uma semana ruim. Talvez até mesmo um mês ruim. Nada disso significa que o seu *emprego* seja ruim. Pergunte a si mesmo: eles estão me pagando o bastante para aturar esta merda? Pense no quadro geral — o dinheiro, o tempo, temporadas agitadas e fracas, as pessoas que vêm e vão, quais outros empregos existem lá fora.

Você também precisa levar em conta a sua situação financeira pessoal, principalmente se não tiver outra coisa em vista. Muitas pessoas aturam uma tonelada de merda apenas para pagar a faculdade. Quanto mais rapidamente você se livrar disso, mais flexibilidade terá depois, quando sua maior experiência profissional lhe oferecer mais oportunidades a avaliar. E pense duas vezes sobre ficar sem plano de saúde.

Não me entenda mal. Há alguns empregos que não valem a pena. Alguns chefes se aproveitam de jovens inexperientes, pedindo que façam trabalhos perigosos, ilegais ou que apenas não faziam parte do acordo. Você pode ser roubado em horas ou salários. O ambiente de trabalho pode ser de manipulação e agressão. *Nada disso é legal.* Em um cenário assim, vá em frente e peça as contas. E denuncie às autoridades o que está acontecendo para reduzir as chances de que essa merda continue.

Por outro lado, no tipo normal de pedido de demissão ao estilo "eu estou cansado disso", é uma **péssima ideia** queimar pontes. Se o emprego que está deixando tem alguma relação com seus interesses a longo prazo, é provável que você encontre as mesmas pessoas novamente. Por que acha que os Velhos estão sempre encontrando pessoas que conhecem e dizendo: "Quais as chances de isso acontecer?" É porque as chances são altas.

COMO DEIXAR UM EMPREGO E PERMANECER BEM

- Avise com antecedência razoável para que a equipe esteja pronta para assumir seu trabalho.

- Dê uma razão serena, racional e livre de palavrões para sua demissão. Pessoas da sua idade costumam dizer algo como "Eu realmente gostei de trabalhar aqui. Mas é hora de explorar outras oportunidades".[9]

- Agradeça ao seu em breve ex-chefe pela oportunidade — e você é grato, porque aproveitou ao máximo, certo?

- Não fale besteira sobre nada nem ninguém na saída.

- Não se vanglorie do seu próximo emprego.

- Não roube nem estrague nada. Nada mesmo.

- Troque contatos não apenas com parceiros e potenciais flertes, mas com qualquer um que possa ser gentil o bastante para aconselhá-lo mais à frente.[10]

- CONSIGA O BILHETE DOURADO. Dê apertos de mão, olhe as pessoas nos olhos e diga: "Será que no futuro eu poderia pedir uma recomendação?"

---

9 Essa é uma daquelas situações de máfia de que eu estava falando. Todos sabem que você está de saco cheio. Não precisa dizer que está de saco cheio. Acredite em mim.

10 O LinkedIn é ótimo para isso, porque as pessoas só postam ali coisas de trabalho, o que significa que não há quase nenhuma chance de alguém ver algo... Digamos, que não ajude a sua carreira.

5

DEIXE DE SER BABACA AO ANDAR POR AÍ

Você está circulando, indo a lugares! Conquistou certa independência, talvez um pouco dinheiro, e está começando a sair sozinho, em vez de no banco do carona dos seus pais. Isso é ótimo! Talvez esteja andando de ônibus, pegando o metrô, dirigindo um carro ou chamando um táxi. De qualquer maneira, há todo um novo mundo de pessoas ao redor para você sacanear.

Opa. Aparentemente quando os rapazes começam a escapar das garras dos pais e conquistam alguma independência, perdem a cabeça. Não estou sei muito bem por que isso acontece, então você pode me contar. É por achar que quando seus pais não veem não importa o que você faz? Está testando os limites de sua nova liberdade? Se acha invencível? Simplesmente não conhece os procedimentos? O que está acontecendo?

A questão é a seguinte: quando você está na companhia dos pais e age como um babaca, as pessoas irão atribuir parte da culpa aos seus pais por não fazerem o trabalho deles. Quando você está sozinho e age como um babaca, a culpa é *toda sua*. Além disso, você parece um homem, soa como um homem e agora está fazendo coisas de homem, então as pessoas que irritar irão tratá-lo como um homem — não um garoto idiota sem noção que merece um desconto. Assim, embora você possa ter a impressão de que é *menos* responsável agora que escapou dos seus pais, na verdade é *mais* responsável.[1]

Por que você deveria se importar se estranhos o acham um babaca? Porque estranhos são apenas seres humanos que você *ainda* não conhece. *O mundo inteiro é feito de estranhos.* Estranhos podem lhe mostrar o caminho ou podem tirá-lo do rumo. Podem abrir espaço para você ou deixá-lo de fora. Podem estender a mão ou decidir chamar a polícia. É da natureza humana dar ser mais compreensivo com o cara legal.[2]

A gentileza dos estranhos é real.

Se você nunca experimentou isso, pode ser porque está agindo como se fosse sua primeira vez na rua, e as pessoas ao redor gostariam que voltasse para dentro e que permanecesse lá.

---

[1] Lamento dar a notícia. Eu sei, é uma decepção.

[2] Ah, e ser um cara legal torna o mundo um lugar melhor.

CAMINHE POR AQUI

SEI QUE ALGUÉM lhe ensinou regras de segurança para pedestres quando era pequeno, mas isso foi antes de você começar a se rebelar contra a autoridade e achar que é esperto e invencível demais para se preocupar com coisas menores como regras de segurança para pedestres. Isso também foi antes de conseguir um celular que é mais fascinante do que a vida, mesmo que a vida real esteja indo na sua direção a oitenta quilômetros por hora enquanto também olha para o seu próprio celular fascinante. Então, vamos relembrar.

* *Atravesse na faixa.* Sim, eu sei que você é alto, esperto e rápido, e consegue cruzar quatro pistas e um canteiro na diagonal em tempo suficiente. Mesmo assim, atravesse na faixa. É onde os motoristas esperam encontrar você. Entre os motoristas estão pessoas ao celular, pessoas que esqueceram os óculos, pessoas correndo para o hospital com um filho doente. Você não pode contar com elas para mantê-lo em segurança, principalmente quando as surpreende. Conte consigo mesmo.[3]

* *Se houver sinal, espere o sinal fechar.* Mesmo não havendo ninguém à vista e quando demora muito? É a mesma coisa que o babaca no Mustang em alta velocidade está pensando, então espere. Aperte aquele botãozinho do sinal cem vezes se isso o ajudar a suportar a espera.

* *Olhe para os dois lados e não para o seu celular até chegar ao outro lado.* Sim, eu sei, é muito longe. Pode demorar até um minuto inteiro antes que possa olhar novamente para a tela do celular. Mas você consegue. Eu acredito em você.

* *Use os ouvidos.* Conectar o seu cérebro a uma música ou um *podcast* quando está correndo ou caminhando faz parecer que o tempo passa mais rápido, mas porque isso distrai seu cérebro do que está acontecendo com seu corpo e — vamos ser honestos — com mundo ao redor. Se estiver concentrado demais, acabará perdendo algumas importantes pistas de segurança do pedestre — e não apenas aquelas que você ouve. Abandone os fones de ouvido que bloqueiam os ruídos, e tente manter a escuta atenta.

---

3 Isso também vale para vocês, skatistas e Lance Armstrongs. E usem capacete.

A CARONA

A NÃO SER que você tenha passado tempo demais no jardim de infância, alguns dos seus amigos irão tirar carteira de motorista antes de você. Não fique animado demais para dizer adeus ao ônibus escolar antes de conversar com seus pais. Eles podem ter ideias próprias sobre você ficar rodando por aí com idiotas que tiraram a carteira há menos de dez segundos. Também podem querer falar com os pais do seu amigo para garantir que não há problema em você pegar uma carona, e também para garantir que está tudo dentro da lei — mas você nunca seria o tipo de babaca que pede a um amigo com uma carteira provisória para violar a lei, certo? Assim que isso estiver resolvido, há algumas coisas de que precisará se lembrar:

1 Só porque alguém é seu amigo não significa que é seu motorista particular. Se precisa de uma carona, precisa pedir. Não peça carona o tempo todo. E não, significa não.

2 Não existe isso de carona grátis. Ofereça uma contribuição para o combustível. Se for parar para comprar comida, pague para seu amigo. Em outras palavras, retribua o favor sem agir de forma bizarra sobre controlar débitos e créditos.

3 Entre, coloque o cinto e se comporte como um ser humano civilizado. Não seja uma distração. Você pode fazer com que os dois sejam mortos.

NÃO SEJA UM BABACA NO TÁXI

VOCÊ PODE NÃO se dar conta disso, mas motoristas de táxi são seres humanos. Antes de entrar no carro, olhe o motorista para que possam se identificar pelo nome. Você sempre deve fazer isso, para confirmar que está entrando no carro certo — especialmente quando estiver voltando para casa depois de uma noite bebendo e com a capacidade de julgamento questionável. Então, como está em um carro com outro ser humano, não faça coisas como fumar, comer, se arrumar ou fazer ligações sobre questões pessoais. Não seja grosseiro nem diga obscenidades. E há uma regra fundamental que você decididamente tem de seguir: se sentir que está ficando enjoado, avise o motorista antes que seja tarde demais.

ALERTA DE BABACA

✱

Vomitar no táxi.

Dica bônus para evitar se arrepender pelo resto da vida. Se acha que está sendo um cara legal chamando um táxi para um amigo doidão, pense no que irá acontecer com ele — ou ela — depois que o carro partir. Seu amigo está bêbado demais para perceber para onde o carro está indo ou se algo parece errado? Quando seu amigo for deixado em casa (assim esperamos), será capaz de entrar em segurança? Tem certeza? Melhor garantir e acompanhá-lo.

VOCÊ ESTÁ NO BANCO DO MOTORISTA (DEUS NOS AJUDE)

EU JÁ ESTIVE nas proximidades de uma escola na hora da saída. Eu vi coisas. Coisas terríveis. Coisas que mãe nenhuma deveria ver. O que está acontecendo por lá? É alguma espécie de competição de motorista babaca? Dois pontos para virar a esquina com os pés de alguém para fora da janela, dois pontos para levantar cascalho, vinte e cinco pontos para o som mais alto?

Há muito acontecendo. Novas liberdades, aliviar a pressão, impressionar os colegas — eu entendo. Mas tem uma coisa: nada disso é tão importante quanto você e todos os seus colegas voltarem para casa vivos. Sei que seus pais, professores e instrutores de direção já tentaram enfiar isso na sua cabeça, mas também vou tentar.[4] A cada segundo que você passa atrás do volante, está em posição de matar ou ferir gravemente alguém. Mesmo em um estacionamento. Mesmo no seu bairro. Mesmo em um sinal fechado. Para começar, a inexperiência coloca os novos motoristas em posição de desvantagem, então, em vez de esperar que sua inteligência ágil, seus instintos naturais e seus reflexos rápidos como a luz o tornem invencível, você precisa ser extra cauteloso. O que estou lhe dizendo é a mesma coisa que digo aos meus filhos e aos amigos deles sempre que saem: dirija como uma avó.

* *As avós são totalmente concentradas na direção.* Você vê vovós mexendo no som, lendo textos ou tirando *selfies* enquanto dirigem? Nunca. As avós agarram o volante com as duas mãos, sentam-se empertigadas e não pensam em nada que não chegar ao seu destino. Também são muito seletivas com relação a quem levam com elas — não mais pessoas do que o número de cintos, e pode esquecer a ideia de dar uma carona para Marianne. Ela fala demais.

* *As avós não correm riscos desnecessários.* Vovós não mudam de pista para ganhar um carro de vantagem nem tentam entrar no trânsito quando não há espaço. Vovós esperam e vão quando é seguro ir, nem um segundo antes.

* *As avós usam as setas.* Vovós planejam seu roteiro e não fazem movimentos repentinos babacas que possam surpreender outros motoristas e pedestres.

---

4 Eu estou ganhando afeto por você, caro leitor.

Elas usam as setas com muita antecedência para deixar todos *muito* avisados e dar a eles a chance de sair do caminho.[5]

* *Avós não são demônios da velocidade.* Embora as avós tenham muito menos tempo sobrando na Terra do que você, ninguém as vê correndo para lugar nenhum. Qual seria o motivo? É porque uma vida de experiência lhes ensinou o que é mais importante: chegar lá.

---

[5] É, às vezes, também deixam o pisca-alerta ligado depois da curva. Que Deus as abençoe. Ninguém é perfeito.

MATURIDADE 1: O QUE FAZER DEPOIS DE UM ACIDENTE

MESMO QUE VOCÊ evite o comportamento babaca nas ruas, pode sofrer um acidente. Espero que não, mas isso acontece, principalmente com motoristas sem experiência. Acidentes são assustadores, então é melhor pensar com antecedência em como irá lidar com as coisas, em vez de tentar descobrir no meio da confusão.

- Se houver alguém ferido, ligue para a emergência. Isso vale para você, seus passageiros e, caso haja outro veículo envolvido, o motorista e os passageiros.[6] Assim que paramédicos e polícia chegarem, preste atenção e faça exatamente o que eles disserem.

- Se ninguém estiver ferido, saia da rua para que ninguém *fique* ferido.

- Telefone para seus pais dizendo onde está e o que aconteceu. Comece dizendo "Eu estou bem", e não "houve um acidente". Eles conseguirão lhe dar conselhos melhores se não tiverem um ataque cardíaco.

- Seja cauteloso ao falar com o outro motorista. A pessoa pode estar machucada, com raiva ou confusa. *Você* pode estar machucado, com raiva ou confuso. Mantenha a calma. Este é um bom momento de usar sua voz de Rob Ross, não de Bobby Knight. Se a outra pessoa estiver tendo um momento Bobby Knight, recue e chame a polícia em silêncio. Espere a chegada de um policial antes de conversar.

- Troquem informações do seguro. Sempre que você dirige um carro deve saber onde está o cartão da seguradora. Deixe que o outro motorista o fotografe. Faça o mesmo com o dele. Confira se recebeu seu cartão de volta.

- Pergunte o nome e o telefone do outro motorista. Assegure-se de escrever ou salvar as informações corretamente no seu celular. Redobre a atenção, especialmente se estiver um pouco abalado.

---

6 Ou, que Deus não permita, pedestres (batendo na madeira com os dedos cruzados enquanto jogo sal por cima do ombro).

- Tire fotos dos danos e das placas dos dois carros.

- SEJA HONESTO com o outro motorista e a polícia. Se você ferrou com tudo, ferrou com tudo. Não finja que seus freios falharam ou que perdeu a direção. A polícia e os peritos da seguradora são bons nisso. Já viram centenas de acidentes. Sabem muito bem se você estava conferindo o celular. P.S.: Fraude com seguros é um problema.

SUBA NO ÔNIBUS, GAROTO

POR ESCOLHA OU necessidade, muitos jovens usam o transporte público. Ônibus, metrô e trens podem ter uma *vibe* desumanizante, porque muitos passageiros ficam hipnotizados demais com seus celulares com o objetivo de evitar interagir uns com os outros. Mas nenhum grau de auto-hipnose pode alterar a realidade de que *está viajando em grande proximidade de outros seres humanos*. Se você é um jovem privilegiado, o transporte público pode ser uma experiência reveladora. A não ser que seja um babaca, isso é algo bom. Significa que o seu mundo e a sua compreensão do mundo estão se tornando um pouco maiores. Preste atenção.

*

Babacas são egoístas e desatentos.

Não babacas mantêm a civilidade.

Caras legais são atentos e reflexivos sobre encontrar uma diversidade de pessoas novas.

Preste atenção no espaço que ocupa. Está de pé aperto da porta do ônibus ou trem, bloqueando a passagem das pessoas a cada parada? Há alguém de cadeira de rodas ou empurrando um carrinho de bebê que precise de um pouco mais de espaço de manobra ou de ajuda para superar o vão? Será que você não poderia segurar na barra do teto, deixando que pessoas mais baixas se sentem ou usem os apoios mais baixos? Há alguma mulher grávida a quem deveria ceder seu lugar? Essas são as coisas que os caras legais fazem.

E será que podemos bater um papo sobre a sua mochila? Sei que você realmente não consegue ver a mochila quando está com ela, mas estou bastante certa de que (1) você tem uma, (2) está nas suas costas e (3) está batendo na pessoa atrás sempre que o motorista freia. Que tal dar um passo à frente? Ou — uma ideia! — tirar a mochila e segurá-la na sua frente, onde de algum modo há muito espaço? Sua recusa passivo-agressiva a fazer isso está tornando as coisas esquisitas para a mulher atrás, cujos peitos estão sendo esmagados.[7]

Já que isto está ficando pessoal, posso lhe fazer uma pergunta? Como um jovem pode precisar de mais espaço para sentar do que uma senhora de bunda grande? Porque esse jovem é um babaca que senta com as pernas abertas, é por isso. DICA: olhe para as pernas quando em um ônibus ou trem. O que você vê?

---

7 Oi, sou eu. Obrigada por sua futura cooperação.

Essas são as suas pernas ← → *Este é um assento*

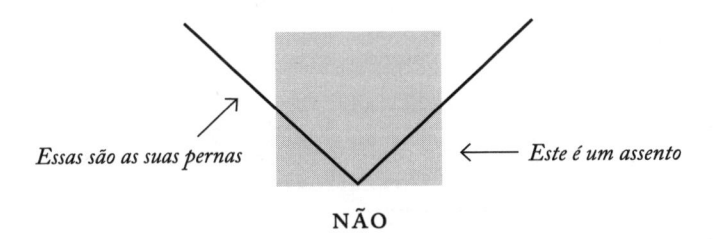

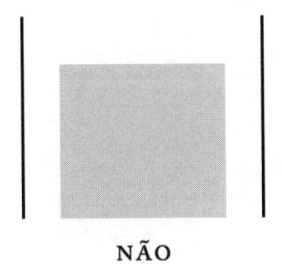

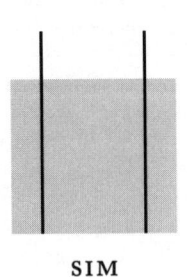

NÃO

NÃO

SIM

IMAGEM 7: *Como se sentar como uma pessoa normal*

Não é tão difícil manter as pernas juntas. As mulheres fazem isso há anos, então não quero ouvir nenhum absurdo sobre precisar de espaço adicional para "seus meninos".[8] Seus testículos fazem parte do seu corpo. Eles não têm um assento próprio. Outras coisas que não lhe dão direito a um assento adicional: seu casaco, sua bolsa, seu almoço ou seu lixo.

COISAS QUE BABACAS FAZEM NOS TRANSPORTES	COISAS QUE CARAS LEGAIS FAZEM NOS TRANSPORTES
Empurram ou gritam com uma assustadora voz masculina. ALERTA: Empurrar e gritar deixa as pessoas irritadas. Coisas ruins acontecem quando pessoas ficam irritadas.	Dizem "Desculpe" e "Obrigado" em voz baixa.
Fazem palhaçadas como se estivessem no recreio da escola.	Ocupam apenas o espaço adequado a um ser humano.
Fingem não ver pessoas procurando um assento.	Ficam atentos a pessoas que podem precisar se sentar, como idosos, grávidas ou pessoas com dificuldade de locomoção. DICA: Caso não tenha certeza, simplesmente pergunte: "Gostaria de se sentar?"

QUADRO 4: *Como agir como um ser humano civilizado no transporte público*

---

8 Falar de suas partes íntimas como se fossem pessoas é típico dos babacas. Não faça isso.

COISAS QUE BABACAS FAZEM NOS TRANSPORTES	COISAS QUE CARAS LEGAIS FAZEM NOS TRANSPORTES
Tiram vantagem do espaço apertado para comentar sobre a aparência das mulheres, fazendo observações sugestivas ou chegando desnecessariamente perto.	Dedicam às mulheres no transporte o mesmo tratamento respeitoso que oferecem a outros seres humanos desconhecidos em vez de olhá-las como uma presa.
Jogam games, assistem a vídeos ou ouvem algo em aparelhos sem fones.	Usam fones e baixam o volume quando alguém olha feio.
Têm conversas pessoais em voz alta, até exagerando um pouco para causar.	Sabem que os outros podem ouvir, e evitam falar sobre como estão cansados, como o professor é idiota e o chefe estúpido. ALERTA: "Os outros" pode incluir amigos dos seus pais, seus professores e futuros chefes. É um mundo pequeno, e adora fofocas.

QUADRO 4: *Como agir como um ser humano civilizado no transporte público*

UM AVIÃO E UMA PRECE

Eu DEIXEI PASSAR um memorando?

MEMORANDO

De: Babacas
Para: Passageiros
Assunto: Decência humana básica

Os padrões básicos do comportamento humano foram suspensos por tempo indeterminado

Uma ida ao aeroporto de algum modo se transformou em uma situação de *Jogos vorazes*, na qual todas as pessoas estão por conta própria, concentradas em fazer o que for necessário para... O quê? Conseguir um lugar em um voo reservado que é concebido para levar todos os passageiros a um destino pré-determinado *exatamente ao mesmo tempo*? Eu não entendo. Experiência mental: e se, em vez de atropelar todos em seu caminho rumo à Cornucópia, você agisse com consideração pelo conforto e a segurança não só de si mesmo, mas de seus colegas de voo? Apenas imagine:

- Se você tem de abrir um laptop para a segurança ou se precisa de um pouco mais de tempo para tirar o cinto e esvaziar os bolsos, que tal dizer à pessoa atrás "Pode passar, eu ainda não estou pronto"?

- Você poderia pular o burrito, a sopa de mariscos ou o cheeseburguer com bacon no aeroporto antes de ficar preso bunda a bunda em um espaço fechado por duas horas, optando por um pouco de granola com refrigerante.[9]

- Poderia ir para uma área menos movimentada do aeroporto para dar seus telefonemas, de modo a que as outras pessoas não sejam obrigadas a escutar todo o seu absurdo. Estou falando com você, Business Bros.

---

[9] Ver também: tomar um banho, passar desodorante e não tirar a porcaria do tênis. Se eu vir seus pés descalços a 30 mil pés de altitude, há uma boa chance de que tenhamos de fazer um pouso de emergência.

◎ Você poderia esperar sua vez como um adulto. Isso significa ficar quieto ali, sem esticar o pescoço, olhar feio, bufar e empurrar a pessoa à sua frente, dizendo a ninguém: "o QUE está acontecendo?"

◎ Em vez de descontar sua frustração nas pessoas que não têm controle sobre qualquer que seja a situação terrível, você poderia adotar uma postura em geral mais cooperativa do tipo "Estamos no mesmo barco".[10]

◎ Se vir alguém lutando para colocar a bagagem no compartimento acima, ou tirá-la da esteira, poderia, em vez de bufar ou revirar os olhos, perguntar com sua voz masculina gentil: "Gostaria de ajuda com isso?"

◎ Poderia decidir nunca, jamais, ver filmes pornôs em um avião. Jamais. [11]

Veja, ser um cara legal de aeroporto não é tão difícil! Mais uma reflexão: mesmo que fique nervoso ao voar ou você e seus parceiros estejam a caminho de um alucinado fim de semana de despedida de solteiro, poderia maneirar no álcool até chegar ao seu destino. Assim, poderá (1) ter consciência da situação e estar pronto para usar seu tamanho e força de homem adulto ajudando quem precisa e (2) não deixar a tripulação e os outros passageiros nervosos com a coisa idiota que pode tentar fazer por estar doidão.[12]

DECORE ISTO

Seja um cara legal no avião

Seja um cara legal no trem

Seja um cara legal...

No seu cérebro também.

---

10 Quem você acha que consegue voos mais cedo, assentos melhores e amendoins extras? Babacas ou caras legais? Pense. Eu vou esperar.

11 Ou em qualquer outro espaço público. Jamais.

12 É assim que babacas são jogados no chão e presos com fita no próprio assento. Não seja derrubado e preso com fita no próprio assento.

OLHE COM SEUS OLHOS, NÃO COM O TELEFONE

QUANDO PENSA EM momentos especiais, do que se lembra primeiro: a sensação de estar lá ou as fotos que tirou? Se for a segunda, você prejudicou não apenas a si mesmo, mas as pessoas ao redor, que prefeririam se dedicar à experiência em vez de precisar evitar seu antebraço ou espiar por cima da sua tela.

Não seja aquele babaca que passa mais tempo olhando pela tela do celular do que com os olhos. E para quem está "capturando o momento"? Não diga que é para você. Você é jovem e sua memória é excelente. Isso é para se exibir para um bando de pessoas que não têm a sua sorte de estar na praia, no show, na festa ou em qualquer outra coisa? Porque essa seria uma coisa muito babaca a fazer. Ou está verdadeiramente partilhando uma experiência importante com alguém próximo que não podia estar ali? Mais uma vez, não. Se você estivesse em casa com varíola, duvido que gostaria de ver alguém gritando ao vivo de seu ótimo lugar na plateia. Use o seu cérebro, não o seu celular, para absorver o mundo que está vendo e apreciar a sua sorte de poder ver. Às vezes, se concentrar em si mesmo é a coisa mais legal a fazer.

6

DEIXE DE SER BABACA COM AS MULHERES

A S MULHERES REPRESENTAM METADE DA POPULAÇÃO NO MUNDO, DE MODO que seria realmente ótimo — para o mundo e para você — não ser um babaca com elas. Para começar, as mulheres já estão cansadas dessa merda, então há uma boa chance de que seu comportamento babaca seja denunciado na vida real ou nas redes sociais, com consequências profissionais devastadoras do tipo permanente. Em segundo lugar, as mulheres são não apenas iguais aos homens, mas em muitos casos superiores, de modo que você realmente terá dificuldade em conseguir algo na vida se continuar a deixá-las putas. Em terceiro lugar, as mulheres não estão interessadas em ficar peladas com babacas.[1] Finalmente — e em uma sociedade justa esta seria a única razão —, as mulheres são pessoas.

Sei que sabe que mulheres são pessoas, mas você *sabe* que sabe disso? Ou seu cérebro foi sufocado por ideias medíocres, como se relacionamentos com mulheres fossem uma espécie de jogo em que o único objetivo é marcar pontos, ou que sexo é algum tipo de direito masculino? Se alguma dessas ideias faz sentido por causa de coisas que leu na internet, você precisa (1) sair da internet e (2) ir para onde estão as mulheres que vivem e respiram e passar algum tempo entre elas. A pornografia é outro problema. A pornografia é para o sexo da vida real o que *High School Musical* é para o ensino médio de verdade. *Pornografia não é real.* Se você assiste em busca de dicas sem saber como aquilo é falso, está recebendo ideias muito erradas.[2] Você está se encaminhando para um grande constrangimento ou decepção — na verdade, provavelmente ambos. [3]

Como gerações de homens tiveram dificuldade com o conceito de mulheres como pessoas, eu vou avançar e dizer algumas coisas que podem parecer bastante óbvias. Coisas como: Não bote a mão na xo**ta de ninguém. Talvez já lhe pareça

---

[1] Desculpe-me pela suposição. Não há absolutamente nenhum problema se você não quer ficar pelado com uma mulher, agora ou nunca. O que não é legal é agir como um babaca com seres humanos pelos quais pode se sentir atraído, agora ou um dia.

[2] Por exemplo, a aparência dos seios, quantas pessoas normalmente estão envolvidas, a popularidade do sexo anal, quão agressivos os homens devem ser e quanta ação o entregador de pizza encontra.

[3] Estudos mostram que indivíduos que assistem a mais pornografia podem ficar menos satisfeitos nas relações com pessoas de verdade. Quem quer isso?! Parece péssimo!

óbvio que botar a mão na xo**ta de alguém é coisa de babaca. Você talvez entenda muito bem que toques indesejados são crimes passíveis de punição. Se esse for o caso, me desculpe por entediá-lo, mas é pelo bem maior.

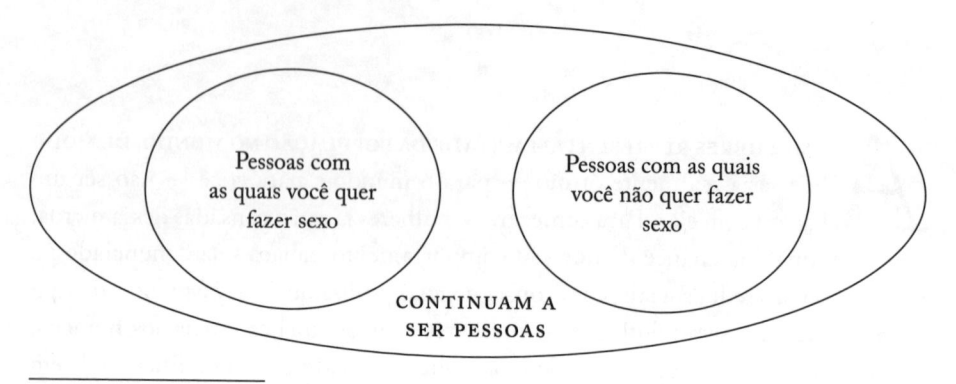

[Diagrama: dois círculos dentro de uma elipse maior. Círculo da esquerda: "Pessoas com as quais você quer fazer sexo". Círculo da direita: "Pessoas com as quais você não quer fazer sexo". Elipse externa: "CONTINUAM A SER PESSOAS".]

IMAGEM 8: *A lei não tão secreta da atração*

CUIDADO COM SUA LINGUAGEM CORPORAL

AS MULHERES NÃO têm o privilégio de se deslocar pelo mundo da mesma forma que você. Elas têm preocupações diferentes. Por exemplo: o que você pergunta a si mesmo quando se veste de manhã? Talvez seja algo como: qual camisa limpa eu tenho que ainda cabe?

Suas colegas do sexo feminino talvez estejam pensando: será que essa camisa é um pouco larga demais e se eu me curvar algum babaca pode ver meu sutiã e achar que estou tentando flertar, ou é uma camisa justa demais que fará algum babaca ver o meu sutiã marcando e achar que é um convite a comentários sobre meu corpo?

Uau, certo?

E quanto a isso? Quando seus pais o ensinaram a dirigir, mostraram como colocar as chaves entre os dedos como garras de Wolverine sempre que atravessar um estacionamento para o caso de precisar afastar um agressor? Eles festejaram a sua carteira lhe dando um adorável chaveiro rosa que é também um spray de pimenta ilegal em muitos lugares? Acho que não.

O que estou tentando dizer é o seguinte: compreenda que seu status de homem, seu tamanho, sua força e o poder de sua voz masculina impactam na maneira que você vive o mundo. Use seu status de homem para o bem, nunca para o mal. Isso vale esteja você romanticamente interessado em uma mulher ou não.

BOAS IDEIAS	IDEIAS MEDONHAS
Ofereça-se para acompanhar uma mulher até o carro. DICA: Como você gostaria que seu amigo se oferecesse para acompanhar sua irmã? Faça exatamente assim. Ofereça só uma vez e não espere nada em troca. *Absolutamente nada.*	Surpreenda uma mulher no estacionamento.
Não saia até estar certo de que a mulher está em segurança.	Impeça a partida da mulher ficando na frente da porta.
Diga "Deixe-a em paz" quando vir um homem atormentando uma mulher.	Insista *mesmo que por um segundo* depois que alguém disser "Me deixe em paz".

QUADRO 5: *Como não ser mau, de propósito ou por acidente*

COMO CONHECER MULHERES

A MELHOR FORMA de conhecer e desenvolver relacionamentos com mulheres é também a melhor forma de conhecer e desenvolver relacionamentos com pessoas, porque de fato as mulheres são pessoas. Você vai a lugares de que gosta e faz coisas que gosta. Quando encontra pessoas novas, se apresenta, conversa de verdade, e decide se essas são pessoas que quer conhecer melhor. Se você é um cara consideravelmente legal, e não um babaca sem noção, há chances de que elas também queiram conhecê-lo melhor.

HÁ UM APLICATIVO PARA ISSO

VOCÊ PODE ESTAR pensando: há um aplicativo para isso! Há! Na verdade, um monte deles. Quando tiver mais de dezoito anos poderá experimentar. Supondo que está em busca de algum tipo de ligação humana, e não apenas usando a tecnologia para localizar a vagina disponível mais próxima, aí vai um pequeno conselho:

- Não minta sobre sua altura, idade ou qualquer outra coisa. Não use fotos falsas. O objetivo é conhecer pessoas de verdade, então seja uma pessoa de verdade.

- Comece a conversar fazendo perguntas que mostram que realmente leu o perfil da outra pessoa (Qual é a praia que está no fundo da foto do seu perfil?), em vez de apenas anunciar sua presença (E aí?) ou fazer propostas (emojis de frutas e vegetais incluídos).

- "Tá a fim?" não está na categoria romance.

- Não peça *nudes*.

- Não mande *nudes*.

- Não peça nem mande *nudes*.

- Quando decidir encerrar uma conversa, diga isso: "Acho que não combinamos. Boa sorte!" Encerre apenas se tiver um bom motivo — não por estar entediado, mas quando seus sentidos de aranha o alertarem.

- Não seja grosseiro. Não seja vulgar. Não diga obscenidades. Basicamente, não mande por mensagem algo que não diria em voz alta em um encontro em um espaço público.

- Não seja babaca com alguém que ainda não está pronto para encontrar você pessoalmente ou fornecer informações pessoais.

- Não convide para sua casa alguém que nunca encontrou.

- Não exija uma explicação se for rejeitado.

As mulheres às vezes querem se sentir sensuais, mas nunca querem sentir como se existissem apenas *para* fazer sexo — como se o propósito delas na Terra fosse oferecer gratificação sexual. Mas você sabe disso, certo? Porque é um ser humano completo e complexo. Quer sentir que é visto, compreendido e apreciado por ser quem realmente é? ISSO É TÃO BIZARRO. AS MULHERES TAMBÉM QUEREM ISSO!

Experiência mental: e se você guardasse para si tudo o que pensa sobre a aparência das mulheres? E se escolhesse parar com o papo de vestiário e as classificações de quem é gostosa ou não? E se não fizesse barulhos quando as garotas passam? E se — isso é loucura, mas continue seguindo o meu raciocínio — deixasse alguém saber que é atraente conversando com ela como uma pessoa que está interessado em a conhecer *como pessoa*? Talvez ela também queira conhecê-lo como pessoa! Será que isso poderia funcionar? Melhor do que assoviando e rosnando quando ela passa? Sim! Acho que poderia!

ALERTA DE BABACA

*

Se apresentar com: "Eu quero [censurado] sua [censurado]."[4]

---

4 Não repita nenhuma cantada que viu em algum lugar, nunca.
Diga: "Olá, eu sou [seu nome real]."

USE AS SUAS PALAVRAS

VAMOS SUPOR QUE você não é um babaca. Você encontrou e conheceu uma pessoa real de um modo real, e tem sentimentos românticos por essa pessoa. O próximo passo ideal seria descobrir se a pessoa tem sentimentos românticos por você. Há algumas formas de fazer isso, dependendo do seu grau de maturidade.

Primário	Você gosta de mim? Marque ❏ sim ou ❏ não
Fundamental	Peça que o amigo mande uma mensagem para a amiga dela para descobrir se ela gosta de você.
Ensino médio e além	Pergunte: "Gostaria de sair comigo um dia, só nós dois?"

QUADRO 6: *Como descobrir se alguém está interessado romanticamente em você*

Chamamos a última forma do quadro de "comunicação". É melhor perguntar diretamente, pois essa é uma habilidade de que você dependerá sempre, especialmente se seu relacionamento se transformar em algo sério, e por "sério" eu quero dizer físico. Para evitar ser um babaca, não diga ou faça coisas que a pessoa em quem está interessado não quer que você diga ou faça. Você pode estar pensando: Como, cacete, esperam que eu saiba o que a outra pessoa quer? Não se espera que saiba. Espera-se que *pergunte*. Depois se espera que escute a resposta. E depois *acredite* na pessoa e aja de acordo. Quando duas pessoas têm uma relação física, nós — e por "nós" eu quero dizer policiais e promotores — chamamos esse processo de "consentimento". Talvez alguns exemplos ajudem.

SUA PERGUNTA	POSSÍVEL RESPOSTA	O QUE FAZER	NÃO FAZER
Posso segurar a sua mão?	Não, obrigada.	Deixe as mãos quietas.	Não passe o braço sobre o ombro dela.
Posso beijar você?	Acho que não.	Recue. Não insista. Dê espaço à pessoa.	Não pergunte de novo em 5 minutos: "e agora?", "e AGORA?"
Quer que eu tire o seu sutiã?	Sim!	Divirta-se tentando descobrir como a coisa funciona.	Não fique frustrado e vire o Hulk.[5]

QUADRO 7: *Comunicação sexual para iniciantes: A diferença entre sim e não*

---

5 Sutiãs são absurdamente caros. É parte de como o patriarcado controla as mulheres. Fique calmo e admita a derrota. Ela achará bonitinho.

ACEITANDO UM NÃO COMO RESPOSTA

RESUMINDO: **Você pergunta.** Você espera uma resposta. Você respeita a resposta. Você não choraminga como um bebê, suplica ou faz um escândalo. No que diz respeito a uma relação física, ninguém "merece" e ninguém "deve". Ninguém "tem direito" de cobrar nada.

Você também pode dizer não. Por qualquer razão. Mesmo tendo dito sim antes. Mesmo que tenha sido ideia sua. Você pode mudar de ideia sobre o que quer fazer.[6] Seu parceiro também pode mudar de ideia. Depois de um dia, uma semana, um mês. A qualquer momento. Tudo bem. Não estamos fazendo contabilidade, certo? E nós sabemos nos comunicar, né? [7]

Há um mito bizarro de que as mulheres querem ser conquistadas, que procuram um homem que nunca desista, que faça de tudo para provar sua verdadeira devoção. Fora dos filmes adolescentes dos anos oitenta, isso é chamado de "perseguição". Não faça isso. Se alguém disse que não está interessada em uma relação romântica com você, não insista. Não a siga como um cachorrinho perdido. Não apareça no trabalho dela. Não continue a postar, fazer comentários ou mandar mensagens pessoais. Não pergunte aos amigos dela do que gosta para poder surpreendê-la com presentes especiais. Todas essas coisas deixam as pessoas desconfortáveis, não excitadas. Ah, por falar nisso, Romeu, outras pessoas com quem você tem alguma chance estão vendo isso tudo e perdendo qualquer chance de interesse. Desgastar alguém não é o objetivo de um relacionamento.

PODE ESQUECER: VOCÊ ESTÁ NA CATEGORIA "AMIGOS"

- "Eu valorizo nossa amizade." "Fico muito contente por você ser meu amigo." Basicamente qualquer declaração que inclua "amigo".

- Ao encontrar você ela sempre leva alguém.

---

6 Papo sério: o sexo libera substâncias químicas que lhe dão sentimentos amorosos, então às vezes é só depois que você se dá conta de que aquela não é a pessoa certa por quem ter sentimentos amorosos. Uma manobra sofisticada de cara legal seria pensar nisso antes de se tornar íntimo de alguém: Essa é uma pessoa que eu quero amar?

7 Escutar a outra pessoa também é importante em suas relações com homens, sejam elas do tipo romântico ou amigável. Em qualquer relacionamento, aceite rapidamente o não como resposta.

- Ao apresentar você ela o chama de colega.

- Ela diz na sua frente que alguém é bonitinho.

- Tenta apresentar você a uma das amigas.

- Quando você a chama para sair ela responde: "Rá-rá! Você é engraçado!"

- Ela diz não.

APENAS SIM SIGNIFICA SIM

EM QUALQUER RELACIONAMENTO, mas especialmente nos relacionamentos sexuais, a forma como você consegue o "sim" é importante. Nunca use seu corpo ou suas palavras para coagir alguém. Caso se sinta grosseiro ou culpado[8] pelo modo como convenceu alguém a transar com você, isso acaba com toda a ideia de transar, que é se sentir bem no sexo, não uma aceitação relutante ou — ABSOLUTAMENTE TERRÍVEL E INACEITÁVEL DE TODAS AS FORMAS POSSÍVEIS! — um silêncio temeroso. Afeto sexual deve ser dado *livremente*. [9]

ISTO NÃO SIGNIFICA SIM	ISTO SIGNIFICA SIM
Silêncio. NOTA: O silêncio pode significar que a pessoa ainda está pensando. Também pode significar que teme dizer não ou é incapaz de se defender. De qualquer modo, isso DECIDIDAMENTE É NÃO.	Sim!
Não sei . . .	Isso, querido!
Acho que tudo bem?	Finalmente! Sim!
Se você quiser...	Sim! Eu quero! Vamos lá!

QUADRO 8: *Comunicação sexual avançada. A diferença entre sim e tudo que não significa sim*

---

[8] Eu estou supondo que você tem uma consciência funcional. Esteja alerta para o fato de que hormônios em fúria, às vezes, podem fazer mais barulho que sua consciência, então tente escutar cuidadosamente para conseguir ouvir o que sua consciência está lhe dizendo.

[9] Livre no sentido de que a pessoa está fazendo uma escolha livremente, não em troca de algo. Por favor, não troque dinheiro por sexo.

Mais uma vez: você precisa perguntar. Sei que parece engraçado perguntar, mas quer saber? O sexo é engraçado! Já é tão bizarro, constrangedor, confuso e pelado que qual a diferença se você disser: "Quer que eu toque você lá?"[10] Se não está pronto para dizer a outra pessoa em voz alta "Posso...?", então não é maduro o suficiente para fazer essa coisa com outra pessoa. Ponto final. Com que frequência tem de pedir permissão? Uma boa regra é: não siga em frente até se assegurar de ter o OK. Mas se quiser ser realmente bom nisso, confira com maior frequência. "Você gosta disso?"

Dica bônus para evitar dúvidas futuras: Se você tiver alguma dúvida se é a pessoa ou a Smirnoff que está falando, ACABOU. Acabou. Você quer que a sua mente *e* a mente do parceiro estejam *muito claras* sobre quando e como o parceiro consentiu, tanto na hora quanto no dia seguinte. Não é bom quando as pessoas discordam, depois, sobre o que aconteceu. Se um dos dois não conseguir se lembrar com nitidez dos acontecimentos no dia seguinte, os problemas podem ser grandes.

Dica bônus óbvia, mas ainda assim necessária: É fazendo sexo sem proteção que você engravida alguém, então o mesmo princípio da preparação vale para comprar e usar camisinha. Se você não consegue fazer isso, então você não consegue fazer ISSO.

---

10 Essa não é uma pergunta retórica. A diferença é que você tem autorização.

É NECESSÁRIO DUAS PESSOAS
(E APENAS DUAS)

ENTÃO, VOCÊ TEM um relacionamento. Que excitante! Fale sobre isso!

ISSO É UM TRUQUE. Seu relacionamento não é um esporte coletivo. Você não tem de contar as jogadas a ninguém. Sexo é algo poderoso, excitante e prazeroso. Também é desajeitado, íntimo e constrangedor. Só um babaca trairia essa intimidade contando os detalhes ou mandando fotos, não importa quão picantes.[11] E pare com essa coisa de *selfies* sensuais. Não peça nenhuma. Não mande nenhuma. Faça da região dos seus shorts uma área vip exclusiva. Assim que você toca em enviar, aquela imagem pode acabar em qualquer lugar. *Qualquer lugar.* Não confie em ninguém.

---

*

Babacas só querem saber de *nudes*.

Não babacas deletam *nudes* sem responder, tirar um *print* da imagem ou encaminhar.

Caras legais podem conseguir ver uma pessoa nua pessoalmente.

Sexo não é arte performática. Não faça isso no fundo do ônibus durante uma excursão da escola, em um banheiro de boate ou em qualquer outro espaço parcialmente público degradante. Tenha algum respeito por si mesmo, sua parceira e o ato em si.

Sexo geralmente envolve dois seres humanos transando. Juntos. Só babacas acham que sexo é algo que outra pessoa faz "para" eles. Quaisquer favores particulares prestados a você devem ser retribuídos, e não em algum momento — naquele momento. As duas pessoas têm o mesmo direito de experimentar *plenamente* o

---

[11] Não seja o cara que sai de um quarto durante uma festa e anuncia à multidão o que acabou de fazer, e com quem. Esse cara é um GRANDE babaca. Eis uma ideia muito melhor: seja o cara que manda esse babaca calar a boca.

prazer sexual. Se você não tem certeza se a outra pessoa está satisfeita, pergunte. Sim, mais perguntas. Mas agora você é bom nisso, certo?

Mais uma coisa sobre o bipessoalismo disso tudo. Talvez você tenha transado com alguém — talvez tenha acabado de rolar — e não foi bom. Talvez esteja constrangido e queira fingir que isso nunca aconteceu. Péssima ideia. A outra pessoa também estava lá, e é um ser humano. Fingir que essa pessoa desapareceu da face da Terra ou que você nunca gozou em sua boca não muda a história. Não seja um babaca. Não manipule ninguém. Se você quer que *ela* fique bem com isso, *você* precisa ficar bem com isso. "Ei, aquilo foi esquisito. Estamos bem?"

PODEMOS PARAR DE FALAR SOBRE SEXO AGORA?

SIM, POR FAVOR. Se você conseguiu chegar tão longe neste capítulo desconfortável, merece alguns conselhos amigáveis livres de censura sobre namorar.

P: COMO EU DEVO ME COMPORTAR COM AS MULHERES NA INTERNET?

R: *Como seu eu real. O objetivo é passar um tempo juntos pessoalmente, certo? Se você é na internet a mesma pessoa que é na vida real, evitará todo tipo de bizarrices no futuro.*

P: DEVO MANDAR MENSAGENS OU POSTAR COMENTÁRIOS NO *feed* DELA NO MEIO DA NOITE?

R: *Não.*

P: MAS E SE ME SINTO REALMENTE CORAJOSO E INSPIRADO?

R: *Decididamente não.*

P: E SE A PESSOA A QUEM EU QUERO ESCREVER FOR MINHA EX?

R: *Certamente, decididamente não.*

P: COMO DEVO AGIR AO ENCONTRAR OS AMIGOS DELA PELA PRIMEIRA VEZ?

R: *Como você mesmo. Sim, eles estão julgando você. Não há nada que você possa fazer a respeito.*

P: EU TENHO QUE IR AO CHÁ DE BEBÊ DA PRIMA DELA?

R: *Ela realmente tem que assistir àquele programa chato pelo qual você está obcecado? A resposta para ambas é sim. Se você quer ser parte de um casal, às vezes tem de fazer coisas de que a **outra** pessoa gosta.*

P: EU MAL COMECEI A NAMORAR, E É ANIVERSÁRIO DELA/ DIA DOS NAMORADOS/NATAL. O QUE FAÇO?

R: *Se estão começando a se conhecer, um cartão pode ser a solução. Não compre um cartão sem ler — você não quer transmitir a mensagem errada acidentalmente. Ainda melhor, escolha um cartão em branco e escreva. Se quiser, dê um presentinho. Se estiver no ensino médio, mantenha abaixo de trinta reais. Se for mais velho, gaste menos de cinquenta reais. Não dê nada muito pessoal. Flores são uma boa ideia. Chocolate é bom. Mas não seja mão de vaca. Flores de mercearia e chocolates de supermercado não dizem exatamente "eu me importo". Melhor ficar só com o cartão.*

P: ISSO... É MUITO. COMO MAIS EU POSSO MOSTRAR A ALGUÉM QUE ME IMPORTO?

R: *Abaixe a porcaria do assento da privada.*

P: O QUE ME LEMBRA! PORQUE ELA DEMORA TANTO PARA SE ARRUMAR?

R: *Talvez tenha sofrido lavagem cerebral pelo patriarcado e o complexo cosmético-industrial para pensar que seu verdadeiro rosto e corpo são inaceitáveis para ser vistos por outros seres humanos a não ser que alterados por um processo complexo demandando numerosos compostos químicos e ilusões óticas. Ou talvez ela apenas goste de passar uma hora aperfeiçoando a curvatura do delineado e o lábio vermelho poderoso que são a sua marca. Seja como for, apressá-la não ajudará.*

"FALE COMIGO"

FALAR SOBRE O que está pensando e sentindo pode não ser algo natural para você, mas é assim que os relacionamentos funcionam. Partilhar cria uma sensação de intimidade e confiança. Alguém que sabe o estresse que você está suportando pode apoiá-lo muito mais do que alguém que acha que está agindo como um babaca sem motivo algum. Alguém que entende os seus objetivos e o quão importante eles são pode reconhecer e apoiar o seu esforço de um modo que outras pessoas não podem.[12] Mas o maior benefício é o seguinte: quanto mais você permite que alguém o conheça, mais segurança tem de que ela se importa com *você* e não com alguma imagem que esteja tentando transmitir.

Você pode achar que parecer "durão" e "forte" atrai as mulheres. Notícia urgente: a vulnerabilidade atrai as mulheres! Quando um homem nos revela seu verdadeiro eu nós nos sentimos merecedoras de confiança e especiais. Quando ele responde com monossílabos ou se cala, nos sentimos rejeitadas e desconfiadas. Qual opção você acha que lhe garantirá mais transas? (a) confiável e especial ou (b) rejeitada e desconfiada? [13]

Sei que isso é difícil, porque você foi condicionado por, bem, tudo — esportes, TV, livros, filmes, seus colegas, os Velhos — a "ser homem". Não é fácil falar sobre seus sentimentos, mas ninguém espera que tenha uma interpretação digna de um Oscar. Só precisa agir como seu verdadeiro eu, um ser humano com pensamentos e sentimentos humanos. Então, quando sua cara-metade pergunta "O que há de errado?", não diga automaticamente que "Nada". Pense nisso por um ou dois segundos. Será que pode haver uma razão para estar tão mal-humorado ultimamente? O que está passando pela sua cabeça? No que estava pensando quando ela perguntou? Ou na noite passada, quando não conseguiu pegar no sono? Talvez, apenas talvez, isso pudesse ser algo sobre o que conversar. Você não precisa desnudar a alma solenemente. Apenas conversar. Estamos ficando bons em conversar, não?

Seja você mesmo. Diga a verdade. Deixe alguém conhecer e amar você. *Isso* é intimidade humana.

---

[12] Ei! Pense em incluir seus pais no plano, também. Eles podem não ter um rabo-de-cavalo saltitante, mas querem o melhor para você mais que qualquer um, e têm um pouco mais de experiência de vida que pode se revelar útil.

[13] Resposta: (a) é a boa. Mas você já sabia disso, né?

COMO FALAR SOBRE SENTIMENTOS

Não sei muito bem. Eu só estava pensando em...

Na verdade, nada. Eu só estava imaginando...

Nada a ver com você. Só estou distraído com...

Você já pensou em...

TERMINANDO

NÃO QUERO ROGAR praga, de modo algum, mas é possível que você tenha de passar por alguns términos. Terminar com alguém não o torna um babaca. Você tem o direito de se separar de alguém que não considera a pessoa certa. Ao mesmo tempo, ser abandonado não lhe dá o direito de agir como um babaca. Tenha isso em mente.

* *Seja honesto*. Na invente um motivo falso para querer encerrar um relacionamento. Não pare de atender telefonemas e responder a mensagens esperando que ela entenda. Seja honesto. Diga que acabou. Nada de cortar relações. Não diga coisas dolorosas nem faça qualquer espécie de autópsia pós-relacionamento. Isso não faz sentido.

* *Você merece ser feliz*. Às vezes as pessoas permanecem em um relacionamento infeliz por temer que o outro não consiga lidar com o término. Caso tema que sua futura ex vá reagir de forma perigosa — se acha que ela poderá se ferir de algum modo — precisa apelar ao grupo de apoio permanente dela e contar a alguém o que está acontecendo. Sei que você se importa com ela, mas não é um profissional de saúde mental. Converse com alguém (talvez a melhor amiga dela, um conselheiro escolar ou um parente) que possa oferecer o tipo de ajuda de que ela precisa. E, evidentemente, se for você aquele correndo riscos de saúde mental, precisa parar de achar que manter a namorada é a solução para todos os seus problemas e encontrar alguém mais qualificado para ajudá-lo.

* *Não fale merda*. Vocês tinham um relacionamento. Dividiram coisas. Coisas secretas. Você quer essas coisas transmitidas para todo o universo? Acho que não. Faça a mesma cortesia em relação à sua ex e fique de boca fechada. Você não deve a ninguém uma *explicação* sobre o que deu errado. Quando as pessoas perguntarem o que aconteceu, diga simplesmente: "Não aconteceu nada. Simplesmente não deu certo." Falar merda sobre a ex não o faz parecer um príncipe, comparativamente. Faz parecer um babaca. E NADA de *revenge porn*.

* *Pare de enviar mensagens*. Isso é difícil, porque sua ex era sua maior admiradora, confidente e amiga. Perder tudo isso de uma vez só é uma bosta. Se tiver sorte, seus amigos e parentes entrarão em cena novamente em breve e preencherão esse vazio. Mesmo que não, resista à tentação de mandar mensagens para sua ex com notícias do dia, brincadeiras etc. "como amigos". Comunicar-se regularmente com a ex significa perder oportunidades de entrar em contato com novas pessoas — o dia tem um

número limitado de horas e *stories* no Instagram. Além disso, os inevitáveis sinais contraditórios serão confusos para ela e para você.

* *Você não tem de romper com todos.* Você conheceu os amigos dela. Ela conheceu os seus. Todos construíram uma amizade. Caso siga a regra de não falar merda, fica menos esquisito para todo mundo e podem continuar amigos (talvez não imediatamente, mas um pouco mais tarde, caso queiram).

* *Não finja que não aconteceu.* Talvez o relacionamento tenha sido um desastre. Talvez o término tenha sido um desastre. Talvez você simplesmente não consiga lidar com isso agora. Tudo bem. Mas, em algum momento, quando estiver se sentindo melhor, será bom se cumprimentar a sua ex em vez de agir como se ela tivesse sido vaporizada de sua mesa na aula de inglês. Ela ainda existe. *Você* ainda existe. O mundo continua a girar. E isso é bom.

7

DEIXE
DE SER
BABACA NO
MUNDO

DEIXE
DE SER
BARACA NO
MUNDO

O DEIO LHE DIZER ISSO, MAS SER UM CARA LEGAL EM UMA COMUNIDADE adolescente é fácil.¹ À medida que você ganha independência e seu mundo se amplia, tem de se esforçar muito mais com essa coisa de cara legal.

Você pode ficar desconfortável ou ansioso junto a pessoas diferentes. Esse é um sentimento humano bem normal, mas quando ele surge, o que faz? Se infla todo e age como um cara durão/cara esperto/cara engraçado, cuspindo babaquices para disfarçar o seu nervosismo? Vou me arriscar a dizer que essa estratégia específica provavelmente não dará muito certo para você.

Se está indo para a faculdade, há uma boa chance de que faça parte de um grupo de pessoas maior e mais diverso que aquele a que está acostumado até agora. Se conseguiu um emprego, há uma boa chance de que vá interagir com colegas e clientes de origens diferentes. Se está deixando a casa dos pais (vá com Deus!), pode acabar explorando uma nova cidade, um novo estado — ou mesmo um novo país!² Para onde quer que esteja indo, precisará de algumas habilidades superiores de cara legal para viver fora da sua bolha.

---

1 Em parte porque há consequências óbvias em ser um babaca com alguém que você irá encontrar de novo — tipo provavelmente amanhã na escola.

2 Nota para meus filhos: por favor, permaneçam o tempo todo à distância de um voo direto de mim e do seu pai. E telefonar faria algum mal?

POR QUE SER GENTIL?

SABE AQUELES VÍDEOS de gentileza que viralizaram e têm um garotinho adorável que ajuda idosos ou soldados, talvez aqueles em que um cliente generoso paga a conta de uma família que está passando por dificuldades, ou os de transformação, em que alguém vivendo nas ruas ganha uma sessão no barbeiro?

Esses vídeos realmente me emputecem. Será que reconhecer a humanidade de alguém se tornou tão raro que milhões de pessoas precisam clicar neles para ver como funciona? É um acontecimento tão surpreendente que os repórteres precisam investigar e explicar como isso aconteceu? Espero que não.

Não seja gentil para viralizar. Seja gentil por não ser um babaca.

Você não precisa doar todos os seus bens e ir viver no alto de uma montanha para ter uma vida boa. Simplesmente trate as outras pessoas do modo como quer ser tratado.[3] Não é tão difícil assim ser decente com os outros seres humanos. Na maioria dos casos isso não lhe custa nada, a não ser, talvez, alguns minutos de atenção — e o que, afinal você está fazendo de tão importante? Vendo *memes* de novo? Então, por que não ser decente?

RAZÃO PARA SER GENTIL	ISSO SOA BEM? (CIRCULE UM)
Faz com que você se sinta bem.	Sim
Faz o objeto de sua gentileza se sentir bem.	Sim
Faz com que as pessoas ao redor se sintam bem.	Sim
Faz com que as pessoas ao redor queiram ser gentis.	Sim
Se mais pessoas no mundo forem gentis mais pessoas se sentirão bem.	Sim

QUADRO 9: *Qual é mesmo o sentido de ser um cara legal?*

---

3 Eis aquela irritante Regra de Ouro novamente. Engraçado como essa regra insiste em dar as caras.

GAROTINHOS SÃO PESSOAS

GAROTINHOS ACHAM QUE caras maiores como você são o máximo. São fascinados por qualquer coisa que você faça, querendo imitá-lo de formas que não consegue imaginar. Se pensar com cuidado, talvez até se lembre de que também admirava um adolescente qualquer quando era pequeno.

Experiência mental: e se, em vez de ignorar os garotinhos em sua órbita, você reconhecesse a existência das pessoinhas que o encaram e disser "olá"? E se desse tapinhas em seus capacetes e joelheiras pelo belo trabalho comendo legumes? E se revelasse o segredo capaz de perturbar as pequenas mentes de que um dia você teve aquele mesmo tamanho? E se — e sei que isso está virando uma maluquice — por dez segundos você agisse como um cara muito legal e causasse uma grande impressão em um garoto impressionável? E se aquele garoto se inspirasse para crescer e fazer o bem como você? Isso seria tão ruim? Não, não seria.[4]

ALERTA DE BABACA

*

Mandar um foda-se.

No elevador.

Com crianças.

---

[4] Me desculpe. Essa cena tocante é muito bonita. Eu preciso de um tempinho, por favor.

PESSOAS VELHAS SÃO PESSOAS

ESTOU CERTO DE que já lhe disseram para respeitar os mais velhos. O motivo pelo qual os Velhos são obcecados em dizer "Respeite os mais velhos" o tempo todo é que podemos sentir a sua geração se preparando para tomar nosso lugar. Isso é o que se espera, e se tivermos feito um bom trabalho de criação, você será melhor do que nós. Ainda assim, não é muito divertido sentir como se estivéssemos nos tornando obsoletos e mais perto da... Vamos chamar de aposentadoria permanente. Além disso, temos toda uma vida de experiência que pode poupá-lo de cometer os mesmos erros que nós, caso se dê o trabalho de perguntar. Então, talvez seja melhor não nos descartar tão rapidamente como sendo idiotas, em casa, no trabalho e no mundo.

Pior do que ser descartado como um idiota é absolutamente não ser visto. Sei que à medida que envelhecemos nos tornamos meio beges e difíceis de enxergar, mas nós não perdemos toda a opacidade humana, logo, você conseguirá nos localizar caso se esforce um pouco. Então, não seja um babaca e passe na nossa frente em cada maldita fila só porque pode chegar lá primeiro.

Só porque você não quer transar conosco não significa que não estamos aqui!

PESSOAS COM TODO TIPO DE TRABALHO SÃO PESSOAS

EM ALGUM MOMENTO você talvez tenha ouvido alguém do time dos Velhos dizer algo como "Todo jovem deveria [trabalhar em um restaurante/cavar trincheiras/fazer alguma função que não codificar programas de computador] por um ano para aprender o valor do trabalho duro". Você pode achar que a sua tia não compreende a economia atual baseada na internet, ou que é uma sádica, mas, na verdade, ela quer que você não acabe sendo o tipo de babaca que desrespeita as pessoas que fazem *trabalho braçal*.

Se o seu emprego permite que você passe o dia sentado a uma mesa (ou você planeja ter um emprego assim, um dia), isso não o torna superior a quem não o faz. Isso não prova que é mais inteligente ou rico. Não o torna mais importante para as pessoas que o amam. Nem o torna um homem melhor. Apenas faz de você alguém que provavelmente terá de entrar para uma academia em algum momento.

Trabalhar no setor de serviços não torna uma pessoa invisível, a não ser para os babacas. Se alguém está retirando o seu lixo, por exemplo, e você não reconhece a existência dessa pessoa, você é um babaca. Essa pessoa é um ser humano, com um nome — muito provavelmente estampado bem ali em um maldito crachá. Uma coisa boa a fazer em vez de fingir que está na presença misteriosa de um lixo fantasma invisível levitando, seria dizer "obrigado" enquanto estabelece contato visual com o ser humano que faz algo para tornar sua vida um pouco melhor.

Sempre trate os trabalhadores que você encontra do modo como gostaria de ser tratado caso fizesse aquele trabalho. Se você fosse o caixa de uma lanchonete, gostaria que seus clientes falassem ao celular enquanto apontam para o cardápio, o obrigando a adivinhar o pedido e confirmar aos sussurros apenas para ser recebido por acenos ainda mais indecifráveis? Então, guarde o telefone, faça seu pedido e diga "Por favor", por favor.[5]

ALERTA DE BABACA

✱

Ser grosseiro com atendentes.

---

5 Como você é um leitor atento, pode estar pensando: espere aí, você disse no capitulo 4 que trabalhar significa ser pago para aguentar merda. É verdade, mas os caixas não estão recebendo o suficiente para aturar sua merda acima de todas as outras merdas. Não seja uma cobertura de merda.

Dica bônus reveladora: Caso você pense que isso não é importante, vou lhe contar um segredo. Você sabe que é importante ser o cara legal no primeiro encontro, certo? O que talvez não saiba é que é importante ser ao máximo o cara legal com seu *garçom ou garçonete*. Isso mesmo. Sua acompanhante sabe que você está tentando mostrar seu melhor, e está procurando sinais de que é um babaca disfarçado. Então, se quer um segundo encontro, não ignore o ser humano de pé ali esperando o seu pedido. Diga por favor e obrigado. Não tenha um machilique se a comida demorar ou se seu pedido não for o que esperava. Não tenha atitudes mesquinhas, como estalar os dedos para chamar a atenção de alguém, nem cause uma enorme confusão. E deixe uma boa gorjeta. Em qualquer circunstância.

PESSOAS COM DEFICIÊNCIAS SÃO PESSOAS

IMAGINO QUE VOCÊ saiba que seu amigo de muletas ainda é seu amigo. Ele está mancando por aí, meio que no caminho de todos, e muito mal-humorado com essa coisa toda, mas ainda é a mesma pessoa, certo? Quero dizer, é uma pena que esteja fora da temporada e que essa lesão o incomode como uma mãe, mas ele ainda precisa ir à escola, fazer os deveres de casa e seguir com a vida. E ele conseguirá. As pessoas vão dar uma folga e ajudá-lo.

Veja só. Pessoas com deficiências mais duradouras também são pessoas. Você pode se sentir desconfortável ou triste quando alguém com deficiências evidentes cruza o seu caminho. É uma reação humana normal, especialmente para jovens invencíveis como você, porque isso nos lembra de que dependemos de nossos corpos físicos, que são vulneráveis a ferimentos e doenças, o que nos lembra de que somos mortais, que é um conceito grande demais para compreender quando estamos na fila do cachorro-quente. Ainda assim, tente se permitir sentir um pouco daquele desconforto em vez de, de algum modo, ficar totalmente cego à pessoa bem na sua frente ou começar a fazer brincadeiras para reduzir a tensão, ambos os quais constituem comportamentos babacas. Aí talvez se permita sentir alguma gratidão por sua própria boa saúde e um pouco de compaixão por alguém com menos. Assim como seu amigo, as pessoas com deficiências precisam circular e fazer suas coisas, então tenha um pouco de paciência, por favor.

Algumas pessoas agradeceriam sua ajuda para, digamos, abrir uma porta. Outras, não. Felizmente, há uma forma simples e rápida de descobrir se alguém gostaria de uma ajudinha: Pergunte!

* *Gostaria que eu levasse isso à sua mesa?*

* *Gostaria que eu abrisse a porta?*

* *Gostaria de ajuda com as escadas?*

* *Gostaria de se apoiar no meu braço?*

* *Gostaria de alguma ajuda?*

É tão fácil que chega a ser quase constrangedor você ainda não ter pensado nisso. Mas agora que pensou, já sabe o que fazer. Não há mais desculpas.

Ah, e por falar nisso, você não decide se alguém tem uma deficiência. As pessoas vivem com muitos tipos de diferenças, de corpo e cérebro, muitas das quais são invisíveis. Você não é médico e não conhece toda a história de *ninguém*. O que sabe é como é difícil pedir ajuda quando precisa. Então vá em frente e acredite no que as pessoas dizem precisar. E se você tornar um hábito ser gentil com todos, nunca será aquele babaca que diz: "Como eu poderia saber que aquela pessoa tinha um problema?" DICA: Não ataque ninguém por parar na vaga de deficiente porque acha que a pessoa parece "normal". Não cabe a você dar multas, então siga o seu caminho.

PESSOAS COM MENOS (OU MAIS) DINHEIRO SÃO PESSOAS

MESMO QUANDO ERA pequeno, você deve ter se dado conta de que algumas pessoas têm mais dinheiro que outras. Alguns garotos tinham roupas mais na moda e chegavam à escola em carros mais legais. Você sentiu inveja e atacou seus pais por não lhe dar tudo? Acabou se dando conta de que eles estavam se esforçando ao máximo e que simplesmente algumas pessoas têm mais que outras?[6]

As pessoas têm ou não têm dinheiro por diversas razões, e você não faz ideia de quais são. Alguns indivíduos com muito dinheiro trabalharam muito duro para ganhá-lo. Para outros, foi bem fácil. Algumas pessoas sem dinheiro gastaram tudo o que tinham por um bom motivo — coisas chatas de adulto nas quais você nunca pensa, como contas de hospital. Existem diversas circunstâncias que tornam difícil seguir em frente. O que estou dizendo é que ter ou não dinheiro não lhe diz nada sobre o caráter de alguém. Só um babaca pensaria que todas as pessoas ricas são trabalhadoras e todas as pobres são preguiçosas — ou vice-versa.

Dito isso, se uma pessoa na rua lhe pede dinheiro, não precisa sacar sua carteira.[7] Você pode não querer. Pode não ter nada sobrando. Ou até tenha a intenção de ajudar, mas teme que o dinheiro não será usado da forma certa.[8]

---

[6] Por falar nisso, nunca é tarde demais para se desculpar por um comportamento babaca anterior.

[7] A não ser que você esteja sendo assaltado, situação em que deve entregá-la imediatamente. Não seja um herói.

[8] Se você é o tipo de cara legal que doa tempo ou recursos para obras de caridade escolares ou comunitárias, vá em frente! Qualquer que seja a decisão, aquele indivíduo é um ser humano sobre o qual você não sabe nada, então precisa respeitá-lo.

REAÇÃO DO BABACA	REAÇÃO DO NÃO BABACA
Funga, bufa ou finge que a pessoa não existe.	Contato visual, acena em reconhecimento.
"Arrume um emprego."	"Eu lamento."
"Você sabe quanto esses caras ganham por dia? Que picaretagem!"	"Posso lhe trazer um Gatorade ou algo assim quando eu voltar?"
"Não dê dinheiro a ela! Ela vai comprar drogas!"	Divide a comida que está levando.

QUADRO 10: *Não seja um babaca quando um ser humano lhe pedir dinheiro*

Qual foi a última vez que foi caridoso com alguém que não você mesmo?

PESSOAS DIFERENTES DE VOCÊ SÃO PESSOAS

AH, GAROTO. Nós realmente temos problemas com isso, não é mesmo? Este livrinho não irá resolver conflitos religiosos de séculos ou oferecer uma solução para debates sobre políticas migratórias. Eu sou apenas uma mãe, de pé diante de um rapaz, pedindo a ele apenas para não ser um babaca. Quando encontrar alguém que não se parece com você, por favor, tente se lembrar de que aquela pessoa é uma pessoa. Lembra do capítulo 3, quando conversamos sobre *dissonância cognitiva*, aquela coisa de quando você não se dá conta de que seus pais são pessoas de verdade, e então eles fazem algo de pessoa na sua frente e seu cérebro meio que entra em curto-circuito por não conseguir processar como seus pais podem ser seus pais e ao mesmo tempo pessoas?

A mesma coisa pode acontecer quando faz suposições idiotas sobre um grupo de pessoas e então conhece alguém que integra esse grupo.[9] Para reorganizar seus circuitos, precisa deixar seu cérebro processar as pessoas que encontra como seres humanos individuais, não com base em raça, etnia, religião, orientação ou identidade sexual, ou qualquer outra característica pessoal. Isso pode não ser fácil. Você pode estar cercado por pessoas influentes com opiniões muito fortes sobre os "outros". Como a maioria das pessoas, você provavelmente tem preconceitos inconscientes baseados na avalanche de estereótipos aos quais foi exposto. Mas deveria tentar.

---

9 Papo sério: ser amigo de uma pessoa não branca não o torna não racista. A única coisa que pode torná-lo não racista é não ser racista. Ver também: homofobia.

Essa pessoa se parece com você?

SIM NÃO

Essa pessoa se veste como você?

SIM NÃO

Essa pessoa fala como você?

SIM NÃO

Essa pessoa tem as mesmas preferências sexuais que você?

SIM NÃO

Essa pessoa usa os pronomes que você esperaria?

SIM NÃO

Essa pessoa vem do mesmo lugar que você?

SIM NÃO

Essa pessoa cultua da mesma forma que você?

SIM NÃO

Essa pessoa é um ser humano

IMAGEM 9: *Como dizer se uma pessoa é um ser humano*

Será difícil para você desfrutar de tudo que a vida tem a oferecer se excluir de sua experiência grupos inteiros de pessoas. Desperdiçará conexões que podem enriquecê-lo pessoal e profissionalmente. Simplesmente pense em quantas pessoas incríveis existem por aí! Quais são as chances de que todos os seus futuros relacionamentos significativos na vida — amigos, aliados, parceiros românticos, mentores — sejam como você?[10] Você é jovem demais para se limitar desse jeito. Seja humano, esteja aberto a outros humanos.

✱

Babacas vivem em um pequeno lago e nunca saem.

Não babacas tentam não fazer marola.

Caras legais entram para a tripulação e zarpam.

---

[10] As chances não são grandes.

COMO ENCONTRAR PESSOAS

UMA DAS MELHORES coisas de se lançar no mundo sozinho é a liberdade de entrar em contato com outras pessoas. Essa também pode ser uma das coisas mais difíceis, porque é preciso um pouco de esforço para achar pessoas que sejam boas para você e cujo tipo específico de esquisitice você aprecia.

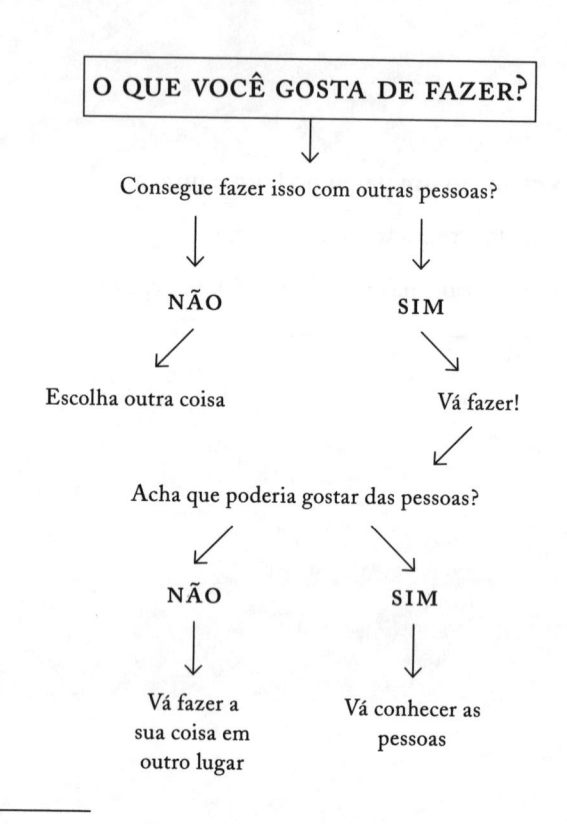

```
┌─────────────────────────────┐
│ O QUE VOCÊ GOSTA DE FAZER?  │
└─────────────────────────────┘
              ↓
   Consegue fazer isso com outras pessoas?
         ↓               ↓
        NÃO             SIM
         ↓               ↓
   Escolha outra coisa   Vá fazer!
                         ↓
            Acha que poderia gostar das pessoas?
                  ↓               ↓
                 NÃO             SIM
                  ↓               ↓
             Vá fazer a      Vá conhecer as
             sua coisa em       pessoas
             outro lugar
```

IMAGEM 10: *Como conhecer pessoas de quem possa gostar*

COMO CONVERSAR COM AS PESSOAS

A MELHOR FORMA de conhecer pessoas é conversando com elas. Você provavelmente já é um excelente conversador... utilizando os seus polegares para digitar. Mas talvez precise trabalhar a arte de conversar com seu rosto olhando diretamente para o rosto de outra pessoa. As gerações anteriores talvez tivessem mais prática nisso, porque nos tempos antigos não tínhamos e-mail, mensagens de texto ou grupos de WhatsApp. Não tínhamos escolha a não ser suportar os horrores de encontrar alguém pessoalmente de forma inesperada, dizer coisas bizarras aleatórias e depois sair correndo.[11] Gente da sua idade teve o privilégio de evitar pessoas por longos períodos. Mas não faça isso. Comece a colocar em prática estas dicas:

* *Apresente-se.* Olhe diretamente para a pessoa. Sorria. Diga "Oi, eu sou_____". Estenda a mão. Um único movimento, firme o bastante para que o outro saiba que você está ali, não tão firme que pareça que está tentando provar algo. DICA: Quando a outra pessoa disser seu nome, repita-o em voz alta imediatamente para facilitar a memorização. "Prazer em conhecê-la, Jess."

* *Faça uma pergunta à outra pessoa.* Perguntas são o antídoto para silêncios desconfortáveis. Pergunte algo que faça sentido na situação, seja fácil de responder e provavelmente possibilite a continuidade da conversa. Tente isto:

    – *Como você conheceu [amigo comum]?*

    – *Você viu/leu/ouviu [filme, programa de TV, vídeo, livro, música,* podcast *do momento]?*

    – *Tem acompanhado [esportes, séries ou noticiários]?*

* *Escute* a resposta. Depois faça outra pergunta lógica, em vez de começar seu falatório. Isso lhe dará uma noção melhor da pessoa. Também dará a ela a oportunidade de *lhe* fazer uma pergunta, o que de forma mágica o torna mais interessante.

---

11 Mesmo com muita prática, eu continuo fazendo isso.

* *Dê respostas com mais de uma palavra.* Se alguém está conversando com você é porque quer conhecê-lo melhor. Se suas respostas sempre forem sim/não/não sei, estará dando à pessoa a impressão de que está cagando e andando, o que é grosseiro.[12] Também estará tornando tudo muito difícil. A outra pessoa provavelmente desistirá e irá embora antes de ter uma chance de descobrir como você é interessante. DICA: Responder "É" ou "Não" é uma boa escolha — no caso de querer encerrar a conversa rapidamente.

* *Estabeleça contato visual.* Olhe nos olhos da pessoa com quem está falando, não do tipo encarada assustadora, mas do tipo "Estou escutando o que diz, não pensando em conferir meu celular". Anua — não como um boneco, mas de tempos em tempos, para mostrar que está acompanhando o raciocínio. Mesmo que fique um pouco entediado, não desvie os olhos para os seios dela. Não faça isso. Mesmo que por uma fração de segundo, ela irá notar. *Veja também*: as mulheres sempre sabem quando você está prestando mais atenção à gata que acabou de passar do que ao que estamos dizendo.

* *Não fale demais.* Os seguintes assuntos são excelentes temas para conversas despreocupadas, mas outras pessoas podem não os considerar tão merecedores de uma análise aprofundada quanto você pensa:

1 – SEUS INVESTIMENTOS EM CRIPTOMOEDAS

2 – SUA IDEIA PARA UM *podcast*

3 – A SUA BANDA

4 – O APLICATIVO QUE ESTÁ DESENVOLVENDO

5 – SUAS OPINIÕES POLÍTICAS

6 – SUA ROTINA DE EXERCÍCIOS E/OU HÁBITOS ALIMENTARES

7 – O DOLOROSO PROCESSO DE 37 PASSOS E OITO MESES PELO QUAL ESTÁ PASSANDO PARA CRIAR ALGO QUE PESSOAS NORMAIS PODEM COMPRAR EM UMA LOJA

Desde que permaneça consciente de que há um ser humano na sua frente, conseguirá perceber quando foi longe demais. Se aquele ser humano estiver recuando, olhando ao redor (em busca de uma rota de fuga), sorrindo até parecer desconfortavelmente congelado, ficando com os olhos mortos ou dizendo algo como "Legal,

---

12 Eu não deveria precisar explicar isso, mas vi como você fala com seus avós e suas tias. Notícia urgente: eles também são pessoas, e não precisam colocar dinheiro no seu cartão de aniversário se não quiserem.

onde está aquele camarão?" antes de sair correndo, é porque você exagerou. Se conseguir perceber antes da corrida até o camarão, pare de falar! Diga algo como "Eu estou falando demais? Me desculpe! Fale de alguma coisa que lhe interesse". Você passará imediatamente de um marrento para um cara encantador.

* *Nada de* mansplaining. *Mansplaining* é o fenômeno bizarro que ocorre quando um homem sempre muito prestativo explica algo a uma mulher que já sabe mais sobre o assunto do que ele, mesmo *depois de ela ter dito que entende sobre o tema.* Não faça isso. Antes de iniciar seu monólogo masculino, faça uma pausa. Pergunte: "Você conhece [qualquer que seja o tema do monólogo]?" Então — e *esse é o grande segredo* — se ela disser sim, dê meia-volta. Faça uma pergunta: "O que acha disso?" Então escute e fale, alternadamente. Isso é chamado de "diálogo".

* *Tenha consciência cultural.* Você pode ficar muito curioso ao conhecer alguém de uma cultura diferente da sua, mas isso não significa que a pessoa tem a obrigação de educá-lo. Não tente adivinhar a nacionalidade ou a cultura de alguém. Nunca pergunte: "De onde você *realmente* é?". Não imite o sotaque ou o modo de falar de alguém. Não peça para tocar seus cabelos, roupas ou qualquer coisa que esteja usando. Não dê opiniões não solicitadas sobre sua comida. Não diga que conhece outra pessoa com o mesmo histórico. Não diga "Seu português é excelente" (a não ser que tenha acabado de ser informado de que é o quinto idioma falado pela pessoa). Mas também não tenha tanto medo de reconhecer as diferenças a ponto de parecer introvertido ou desinteressado. Se alguém partilha algo sobre a própria cultura, escute com atenção e converse de verdade como um legítimo não babaca.

* *Seja honesto.* Veja bem, eu sei que é normal para os jovens experimentar versões diferentes deles mesmos. Entendo que conhecer pessoas novas é a oportunidade perfeita para abandonar a fama de infância que teve de arrastar durante a escola e revelar seu novo eu mais maduro. Também sei que se você for o tipo de pessoa que fica nervosa perto de gente nova, pode compensar demais seu nervosismo se exibindo ou mesmo exagerando um pouco. É o seguinte: esses novos amigos são "novos" apenas por um breve período, e não irá demorar para que a verdade sobre a sua namorada canadense ou o tio famoso venha à tona, o que realmente será uma bosta caso tenha gostado dessas pessoas e queira que elas também gostem de você. Seja você mesmo — sua melhor versão, mas verdadeiramente você.

COMO FALAR DE POLÍTICA SEM SER UM BABACA

A MAIORIA DAS pessoas lhe diz para não discutir política ou religião na frente de estranhos. "Estranhos" aqui significa pessoas que você não conhece bem. Esse não é um conselho ruim, mas pode não ser muito prático, considerando que a política se tornou o elefante no meio de quase todas as salas. Então, eis como comentar as notícias do dia sem ser um cretino.

- Reflita sobre seus próprios motivos antes de iniciar a conversa. Você realmente tem curiosidade em conhecer o ponto de vista da pessoa? (Isso é um sim.) Ou está interessado em dar um sermão ou "vencer" um debate? (Isso é um não.)

- Nunca diga: "Não é possível que você realmente acredite nisso!" Não importa quão diferentes sejam as coisas daquilo em que você acredita, não questione se a pessoa acredita sinceramente naquilo que ela defende. Em vez disso, pergunte: "Fale mais dos motivos pelos quais pensa assim" ou "Onde você leu/ouviu isso?".

- Lembre-se: (1) as pessoas são complexas e (2) pessoas diferentes são diferentes. A outra pessoa na conversa viu coisas, ouviu coisas e fez coisas que você não viu, ouviu ou fez. Essas experiências determinam o raciocínio dela tanto quanto suas experiências determinam o seu.

- Ouça mais do que fale. Talvez escute algo que não sabia ou algo que o surpreenda. Algo bom a dizer é: "Nunca pensei nisso desse modo antes" ou "Não sabia disso sobre você".

- Reconheça áreas em que concordam, por menores que sejam: "Concordo, esse realmente é um problema difícil."

- Não se aferre a argumentos. Quando um dos dois começa a se repetir, é porque provavelmente já disse o que havia a ser dito. Não é um problema se nada foi resolvido. É hora de deixar claro que você está bem quanto a isso e mudar de assunto. Diga algo como "Obrigado por conversar comigo. Estamos bem?"

8 /

DEIXE DE SER BABACA NA INTERNET

Houston, nós temos um problema de babaca na internet. Nas esquecidas civilizações de vida real[1] os babacas tinham menos influência porque eram espalhados e diluídos em meio aos não babacas e aos caras legais. Você certamente podia se deparar com um eventual babaca, mas eles eram fáceis de identificar e descartar, talvez com um revirar de olhos, um risinho contido ou um som desaprovador de seus amigos e parentes não babacas.[2] Com o tempo, esses pequenos sinais reforçavam suas habilidades de identificação de babacas e, mais importante, criavam o que os psicólogos chamam de "normas sociais" — o código não escrito, mas bem compreendido, das coisas que as pessoas devem ou não fazer.

Em outras palavras, se você mesmo tinha um impulso babaca, na maior parte do tempo podia olhar ao redor para as pessoas que conhecia pessoalmente, ver que nenhum dos seus amigos ou parentes estava fazendo aquela coisa babaca e descobrir que provavelmente também não deveria fazer aquilo. Uma espécie de pressão social às avessas.

Avance para os dias de hoje. Nós temos grupos de WhatsApp. E sub-reddits. E 4-chan. E só Deus e os babacas sabem mais o quê. Já não isolados pela geografia ou diluídos por influências melhores, os babacas estão ciberconectados e concentrados em microcomunidades de iguais. Isso dá a eles a impressão de que suas ideias pretensiosas, agressivas, odiosas, ignorantes e outras lacunas medonhas a serem preenchidas não fogem à norma. Se com poucos cliques é possível encontrar um grupo de indivíduos que adotam qualquer tendência terrível que seus neurônios disparem, pode ser difícil perceber quando adentrou para o território da babaquice. Você pode até mesmo ter uma sensação reconfortante de pertencimento que faz com que queira ignorar os sinais de alerta. Por favor, não faça isso.

Eis aquilo com que mães como eu realmente se preocupam: mesmo que você esteja apenas dando uma espiada nos cantos mais escondidos da internet "de brincadeira", ou para entender o que deixa seus pais em pânico agora, babacas da internet

---

1 Assim como fliperamas, lugares onde povos hoje antigos se reuniam para jogar Ms. Pac-Man e beber refrigerantes cheios de açúcar com canudos de plástico.

2 Ou, se você por acaso é um dos meus infelizes filhos, um longo relatório/sermão no caminho para casa.

que de início parecem hilariamente patéticos podem rapidamente parecer "ter alguma razão", especialmente se sua bússola moral ainda estiver girando loucamente, o que é totalmente normal na sua idade. Tome cuidado com o que deixa penetrar em seu cérebro. Pensamentos podem facilmente se tornar palavras. Palavras logo podem se tornar ações. E são as ações que fazem de você um babaca.[3] Então vamos falar sobre como identificar babacas on-line e como não se tornar um.

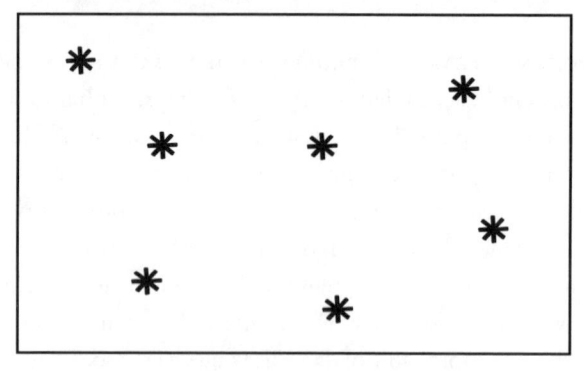

Babacas na vida real

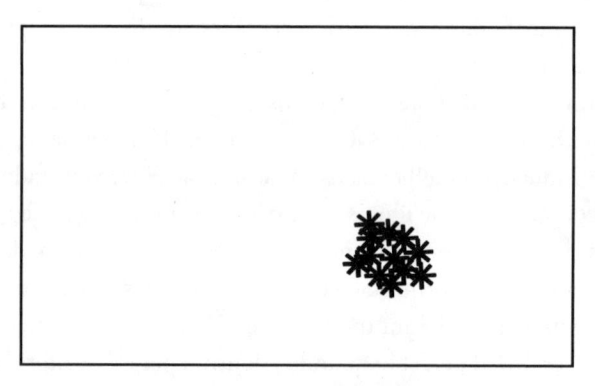

Babacas na internet

IMAGENS 11 E 12: *O problema dos babacas na internet. Uma imagem que você nunca esquecerá*

---

3 Versões menos babacas deste pequeno discurso foram atribuídas a muita gente, do Mahatma Ghandi a Meryl Streep, passando por Margaret Thatcher. Não sei se essa evolução é o que quero dizer, mas concordo plenamente com ela.

SEJA UM HOMEM CRITERIOSO NOS GOSTOS

QUANDO OS VELHOS ainda eram jovens, conversar com pessoas na internet era considerado uma boa maneira de ser sequestrado. Agora usamos a internet para indicar a estranhos o lugar onde estamos e então entramos no carro deles. A vida na internet é, em grande medida... A vida agora. Então você deveria ser tão criterioso em suas atividades na internet quanto é no universo humano paralelo da vida real. Em outras palavras, o ciberespaço não é uma espécie de Velho Oeste sem limites no qual você de alguma forma não é responsabilizado ou afetado, e permanece magicamente invisível.[4]

Por exemplo: quando você se vê em algum lugar novo cercado de pessoas novas, seja na vida real ou pela internet, deveria começar avaliando tudo e decidindo se aquele é um lugar onde deveria gastar seu tempo, certo? Para começar, você não pertence a um determinado espaço virtual se:

- Não iria querer que sua avó lesse a transcrição das conversas.

- Não iria querer que sua irmãzinha conhecesse seus novos "amigos".

- Não iria querer que o jornal noticiasse a sua presença ali.[5]

Em outras palavras, se esse *subreddit*/grupo de WhatsApp/troca de e-mails fosse repassado a pessoas fora daquela comunidade, você teria de dar explicações atrapalhadas? Pode ser difícil estabelecer o limite, mas há alguns sinais reveladores que podem ajudá-lo a determinar se uma comunidade virtual tem uma alta concentração de babacas reforçando as péssimas ideias uns dos outros.

* *As únicas pessoas na bolha têm a mesma idade, raça, histórico etc. que você.* É fácil ficar com pessoas com as quais se sente à vontade. Também é fácil para todos embarcar no trem dos babacas enquanto se cumprimentam e acham que são um bando de gênios. *Spoiler*: não são.

* *Não há mulheres na sala.* O raciocínio coletivo masculino nunca irá produzir um único conselho sensato sobre as mulheres. Se precisa de

---

[4] Na verdade, é muito mais fácil identificar e rastrear você na internet. Surpresa!

[5] Treinadores, faculdades e recrutadores de pessoal investigam sua movimentação na internet. Talvez ache que bloqueou tudo, mas acredite em uma mãe enxerida. Você pode ser encontrado. Falaremos mais sobre isso depois.

informações sobre as mulheres, vá aonde as mulheres estão. Dica: elas estão no Twitter, morrendo de rir e debochando dos caras no Reddit.

* *Pessoas com ideias diferentes são maltratadas e saem rapidamente.* Você já viu isso acontecer. Pessoas que tentam apresentar pontos de vista diferentes são ridicularizadas, ignoradas ou nitidamente agredidas. Assim como no mundo real, se fica calado vendo isso acontecer, é um babaca.

* *Todas as "piadas" são sobre pessoas que não estão na sala.* Há limites para a justificativa de que era apenas uma brincadeira. Mesmo *memes* e GIFs podem ser racistas e sexistas. Se seus GIFs que produzem reações hilariantes são todos eles imagens de pessoas de cor e mulheres, pense muito bem em por que essas imagens lhe parecem tão engraçadas.

* *A "informação" partilhada na bolha é questionável e/ou facciosa.* Seja cético quanto a *posts* que podem não ser confiáveis:

* *memes*, capturas de tela, cotações ou tuites tirados de uma fonte original sem identificação (por alguma estranha razão, humm... qual poderia ser?)

* "notícias" de fontes desconhecidas ou das quais só ouviu falar dentro da comunidade

* reportagens sem data, autor ou outra ligação verificável com a realidade

* descrições que não correspondem aos relatos de outras fontes

* chamadas sensacionalistas, que apelam às suas emoções ou parecem *clickbait*.

* *Você sente que deveria esconder sua participação de pais e amigos.* Essa sensação é chamada "consciência". Sua consciência é uma importante barreira ao comportamento babaca, mas é uma coisinha silenciosa e tímida. Cuide bem dela. Não tome atitudes que a deixem mal ou ela pode de sentir ignorada e se encolher.

* *A conversa é tão odiosa ou ilegal que exige contas anônimas e senhas secretas.* Eu realmente preciso explicar esta? Se você está preocupado em ser descoberto nesse canto da internet, então está em um Lugar Ruim. Por falar nisso, nada mais na internet é anônimo, e sim, os federais já estão lá.

NÃO SEJA UM *TROLL*

SE VOCÊ ESTALA as articulações dos dedos e agita as mãos para se aquecer antes de entrar em um aplicativo de rede social, você, senhor, é um *troll*. E um babaca. *Ninguém* no YouTube precisa de suas recomendações sobre como melhorar seus vídeos. Nem precisa saber que os acha uma bosta. Ou um fracasso. Por mais úteis que essas reações possam ser, ao contrário do que talvez pense, você não está prestando um serviço público.[6] Você se sente feliz pensando que fez algo ótimo, ou talvez o melhor possível no momento, e então alguém aparece para fazer detonar você? Acho que isso não é muito legal. Quer saber? As pessoas na internet são seres humanos, então cale a boca.[7]

Se está mais interessado em participar de debates acalorados sobre temas sérios e importantes como política e religião, por favor, saiba que, além de ser um babaca, você é inútil. As pessoas não mudam de opinião sobre temas que têm impacto em suas crenças fundamentais após ouvirem um sermão, serem amaldiçoadas e/ou transformadas em *memes* por babacas da internet. Cientistas sociais observaram que as pessoas não mudam de ponto de vista facilmente mesmo quando confrontados com fatos confirmando o contrário de suas crenças, portanto, embora sua causa possa ser justa e seu argumento sustentado por fontes confiáveis e não tendenciosas, a probabilidade é que não tenha grande sucesso.[8]

Não babacas sabem "ler o ambiente", uma expressão arcaica de quando as pessoas normalmente conversavam mostrando os seus rostos e reunidas em um mesmo espaço físico. Quando as conversas são pela internet, "ler o ambiente" significa pensar se sua reação é proporcional ao *post* original e coerente com o propósito do grupo.

VOCÊ SABE LER O AMBIENTE?
RESPONDA E DESCUBRA!

VOCÊ ESTÁ ROLANDO o Instagram e se depara com a *selfie* de alguém no dia da eleição, com o tradicional adesivo de *Eu votei!* A legenda diz: "Primeiro voto. Muito orgulhosa!"

---

[6] Estou supondo que você acredite que seus comentários são úteis, pois do contrário deve pretender que eles sejam danosos, e isso é demais para que minha constituição frágil consiga suportar.

[7] A não ser os robôs, mas eles também não precisam da sua opinião inútil. Na verdade, você está apenas dando a eles mais dados com os quais trabalhar. Vamos fazer um trato de não ajudar os senhores dos robôs, certo? Obrigada.

[8] Lamento por isso. Não sei o que aconteceu. Boa sorte, próxima geração!

O primeiro comentário é um coração e uma bandeira.
O segundo é "Mal posso esperar para votar!"
Você é o terceiro a comentar. O que você posta?

A – Um polegar erguido.

B – Legal!

C - *Hashtags* a favor do seu candidato e vários emojis.

Se escolheu C, você é um babaca.

NÃO FIQUE PARADO AÍ, FAÇA ALGUMA COISA

AH, OI VOCÊS, *lurkers*. Estou vendo vocês aí no canto, acompanhando essa coisa toda acontecer. Acham que estão a salvo? Afinal, estão apenas discretamente de olho em várias discussões na internet, normalmente entrando para dar uma espiadinha, mas ficando acima da briga, um mero observador. Isso é bom, certo?

Errado. Às vezes simplesmente ficar imóvel, sem fazer nada, faz de você um babaca, mesmo na internet. Se avaliou mal uma comunidade virtual, ou se uma comunidade não babaca de repente se torna babaca, continuar ali sem dizer nada o torna cúmplice da babaquice. O simples fato de pertencer a uma comunidade pode ser visto como um endosso às regras daquele espaço.

Experiência mental: se esse espaço virtual fosse uma festa de verdade, e essa festa fosse denunciada para a polícia, alguém acreditaria que você realmente era um espectador inocente que acabara de entrar por acaso e não tinha ideia do que estava acontecendo nos fundos da casa, ou você seria apanhado, jogado no camburão, removido e acusado juntamente com todos os outros?

Mesmo que não se preocupe em ser apanhado, e quanto ao seu cérebro? É uma boa ideia dar uma conferida de tempos em tempos para ver se o conteúdo que está consumindo lhe faz bem. Permitir que essas pessoas entrem no seu cérebro está fazendo o que com você? O que há nelas que faz com que relute em interagir? Há outras comunidades por aí com as quais fica mais à vontade de interagir? Seja honesto consigo mesmo sobre se é assim que deveria estar gastando o seu tempo.

Não babacas sabem quando abandonar o espaço virtual. Caras legais dirão algo primeiro, depois irão embora se a situação não for corrigida. Isso é particularmente importante quando a babaquice está visando uma pessoa ou grupo de pessoas específico, independentemente de incluí-lo. Você não precisa fazer uma cena se achar que partir para o ataque o tornará um alvo ou agravará a situação. Seja simples: "Isso não é legal. Estou fora."

*

Babacas são valentões virtuais e seus cúmplices silenciosos.

Não babacas saem de comunidades que estimulam racismo, sexismo ou violência (sim, mesmo que de brincadeira).

Caras legais dizem que aquilo é idiotice e saem.

ETIQUETA PARA JOGOS

SE A EXPRESSÃO "etiqueta para jogos" lhe parece um paradoxismo, você obviamente precisa de alguma orientação nesse campo. Leia isso rapidamente, enquanto está renascendo, e poderá seguir em frente.

Não saia furioso. Já o vi tentando convencer seus pais de que *eSports* são esportes de verdade. Consegue se imaginar abandonando o cenário de um jogo na vida real no meio da partida? Claro que não. Então, se estiver em uma situação de jogo em grupo, tiver um machilique pela internet e sair, deixará seus colegas de time em desvantagem, o que é uma coisa babaca de se fazer em qualquer tipo de jogo. Trate seu jogo on-line como um jogo real, engula qualquer birra e participe. Irá aproveitar mais se aprender a continuar jogando não tendo mais chances de vencer — exatamente como na vida real.

Não seja grosseiro na conversa. Não mande ninguém se ferrar. Não ameace aparecer na casa de alguém. Não seja grosso com as meninas. Evite palavrões na frente das crianças. E PARE DE GRITAR. Apenas jogue e converse sobre assuntos do jogo, ok? Você está explodindo em um mundo virtual, mas interagindo com pessoas reais que têm sentimentos reais. E algumas dessas pessoas reais têm problemas reais em suas vidas reais. Não pode supor que todos entenderão a brincadeira ou ignorarão as besteiras da mesma forma que você faria. Simplesmente não seja um babaca e não terá que se preocupar com a maneira que alguém irá reagir.

ALERTA DE BABACA

✱

Ameaçar matar alguém na internet ou em qualquer outro lugar.

MENTIRAS, TUDO SÃO MENTIRAS

SÓ BABACAS REPASSAM despreocupadamente — ou pior, intencionalmente — desinformação pela internet. Não estou falando de questões sobre as quais pessoas razoáveis podem discordar. Estou falando de mentiras e golpes, especialmente aqueles que podem causar mal.

Se algo parece provocante demais, fácil demais ou bom demais para ser verdade, provavelmente não é. Talvez alguém tenha cometido um erro inocente. Talvez a informação fosse concebida desde o início para ser enganosa. Talvez tenha começado como uma brincadeira inofensiva, mas chegou a pessoas que não sabiam disso e a levaram a sério. Há muitas formas pelas quais as informações são transmitidas, então seja cético e tire um minuto para avaliar qualquer coisa antes de repassar, não importa quão tentador seja ser o primeiro a dar a notícia.

Caras legais fazem o dever de casa antes de se juntar à multidão. Antes de apertar o botão de compartilhar, confira no Snopes. No Google. Verifique a fonte original. Se algo não for verdade, denuncie. E faça isso antes que se espalhe pelo Facebook, onde sua avó verá, imprimirá, colocará um selo, levará aos correios, remeterá, e depois ligará para saber se você recebeu. Ninguém quer isso.

VOCÊ CRIA O NOVO VOCÊ

VOCÊ PROVAVELMENTE CRIOU seu primeiro perfil em uma rede social enquanto ainda estava no ensino fundamental. Pode ainda estar digitalmente conectado ao seu grupo original nas redes sociais, plataformas de jogos, outros aplicativos e sites. Isso pode fazê-lo hesitar quando está crescendo e experimentando coisas novas e novos eus.[9] Transformar-se em seu novo *eu* pode parecer que está rejeitando ou deixando para trás seus amigos. Essa sensação é completamente normal, mas não é um bom motivo para permanecer preso a uma versão de si que não lhe serve mais. As gerações anteriores faziam coisas como "sair em busca de algo" ou "cair no mundo". Romper os laços parece diferente para a primeira geração digitalmente conectada, mas a mesma regra vale: não seja impedido de seguir em uma nova direção por causa do que suas ligações virtuais possam pensar. Os Velhos têm uma expressão para isso: "Foda-se tudo."

E se você se afastou de algumas pessoas, há chances de que os algoritmos das redes sociais não estejam mais mostrando a eles o que faz. Você agora tem centenas de outros amigos, e seus velhos amigos provavelmente também têm. Mas se isso o incomoda, não se sinta mal por discretamente criar um novo perfil ou remover pessoas de suas redes na internet.[10]

Outra opção é simplesmente seguir em frente com todo mundo junto. E daí se alguém que o segue desaprovar? Sua vida não é um espetáculo on-line. Tudo bem seguir em frente. Apenas não seja um babaca quanto a isso. "Olhem para mim agora, otários!".

---

[9] Aqui "eus" significa diferentes versões de você ou personas. Não fique confuso com isso.

[10] Isso vale para pessoas com as quais perdeu contato, e também pessoas que no momento não lhe fazem bem.

LIMPEZA NA INTERNET

ENTÃO, ANTES DE conseguir este livro você fez algumas coisas babacas na internet e agora quer ser um cara legal que segue o plano: escola, trabalho, vida. Ótimo! A primeira coisa que quer fazer é procurar o seu nome no Google para descobrir o que seus futuros técnicos, selecionadores de universidades e empregadores podem encontrar. Não se esqueça de uma busca de imagens também. Ops. Há alguma coisa que possa ser um obstáculo no caminho de seu projeto de cara legal? Besteiras imaturas? Fotos incriminadoras? *Posts* que se revelam racistas, sexistas ou alguma outra coisa terrível?

- Crie um perfil no LinkedIn ou página na web e construa um novo perfil para que qualquer um que procure por você encontre apenas coisas recentes e decentes que apresentem seu novo eu sob luz favorável.

- Feche suas redes sociais marcando-as como particulares, só para inscritos ou qualquer que seja a opção mais restritiva. Delete todos os perfis e contas abandonados. Delete *posts* que possam voltar para assombrá-lo.[11] Assegure-se de que a foto do seu perfil, o texto da biografia e a imagem da capa são adequadas para serem vistos pelo público.

- Mude as configurações de suas redes sociais para que as pessoas não possam marcá-lo em fotos ou posts sem sua autorização. Se amigos com contas não protegidas marcarem você, essas imagens podem ser encontradas. DICA: você pode entrar nas notificações e se desmarcar... Ou talvez, apenas talvez, possa pensar em não fazer coisas idiotas que possam ser fotografadas e postadas e o impeçam de atingir as suas metas.

---

11 Você talvez queira deletar todos os posts anteriores a uma determinada data. Ninguém precisa ver suas coisas do ensino fundamental.

SENDO SINCERO

ALGO BOM EM excesso pode ser tornar uma coisa ruim. Se jogar ou ficar na internet lhe parece mais importante do que estar com pessoas no mundo real, é hora de reavaliar isso. Como regra geral, interagir com quem você conhece pessoalmente é mais importante do que interagir digitalmente com quem não conhece pessoalmente. Afinal, você é um ser humano vivendo em um corpo humano. Precisa fazer coisas que são boas para os seres humanos, como comer, dormir, se exercitar e estar com outros humanos que circulam em *seus* corpos humanos. Se jogar ou fazer outras coisas na internet começam a parecer uma compulsão, ou se isso prejudica sua saúde, seus estudos, seu trabalho ou seus relacionamentos na vida real, é hora de dar um passo atrás.

Dica bônus para humanos que querem ser sensuais. Na maior parte do tempo o sexo humano envolve corpos humanos, então ficar perto de outros humanos em geral aumenta suas chances de isso acontecer.

E tem o seu cérebro. Você só tem um. Aquele que tem agora é o que irá durar a vida inteira, então não seja babaca com ele. Não (1) o encha de pornografia, imagens violentas, propaganda ou outras coisas esquisitas que possam distorcer a compreensão que ele tem da realidade ou (2) fique viciado na descarga de dopamina que os jogos e as redes sociais usam para nos manter on-line para que as empresas consigam mais dinheiro e/ou informações.

Mais uma coisa em que pensar (com seu cérebro) sobre o seu cérebro: o cérebro tem uma capacidade limitada de processamento. Se estiver usando toda ela em jogos ou outras atividades on-line, está sendo relapso com aspectos mais gerais, como descobrir quem você quer ser. Conhecer a si mesmo — suas capacidades, suas preferências e rejeições — é uma parte importante de decidir o que quer ser[12] e como fazer isso. Seu cérebro precisa de um pouco de paz e silêncio para lidar com essas importantes questões. Dê a si mesmo uma chance de ficar entediado de vez em quando. Poderá ficar surpreso com o que o seu cérebro inventa quando o desliga da rede.

Assim como abandonar qualquer outro hábito, sair da internet pode ser difícil, então tente não esperar até que pareça impossível. Faça com regularidade para garantir que está no controle. Tire um dia de folga de vez em quando. Se isso parece absurdo, então você decididamente precisa de uma pausa. Falando sério. Tipo, começando agora mesmo.

Quando foi a última vez que você deu uma volta sem *fones de ouvido?*

---

[12] Nesta vida ou mesmo neste fim de semana.

QUESTIONÁRIO: VOCÊ ESTÁ PASSANDO TEMPO DEMAIS NA INTERNET?

(Marque as que se aplicam. E diga a verdade.)

⊘ Você tentou deslizar o dedo sobre este livro. *1 ponto*

⊘ Em conversas com pessoas de verdade, você é o cara que cita *memes*. *1 ponto*

⊘ Quando sua bateria chega a 10% você começa a suar. *1 ponto*

⊘ Você tem mais acessos que compromissos sociais. *3 pontos*

⊘ O nome do seu melhor amigo é algo como "myxxlplyx". *5 pontos*

⊘ Você considera sair do quarto como "ir lá fora". *10 pontos*

⊘ Acordar no meio da noite para checar as redes sociais é algo regular. *10 pontos*

⊘ Quando tem um dia ruim, você *precisa* de suas telas. *10 pontos*

⊘ Você mente para seus pais sobre o tempo que passa na internet. *100 pontos*

⊘ Você mente para si mesmo sobre o tempo que passa na internet. *100 pontos*

De 1 a 3 pontos: Vá devagar com a internet. Está começando a ficar esquisito.
De 4 a 10 pontos: Você está na zona de perigo. Mude seus hábitos agora.
De 10 em diante: Sua compulsão de ficar na internet está tendo um impacto negativo na sua vida real. Você precisa fazer algo. Vai ser difícil, mas vai valer a pena.

9

DEIXE
DE SER
BABACA
CONSIGO
MESMO

TENDO CHEGADO ATÉ AQUI, VOCÊ PROVAVELMENTE ENTENDEU A MENSAGEM de que as pessoas são indivíduos aos quais deveria oferecer respeito, consideração e gentileza.

Quer saber? No final das contas, você também é um ser humano.

Sabe quando o avião está prestes a decolar, e o comissário de bordo sempre diz: "Em caso de emergência, preocupe-se primeiramente consigo mesmo, babaca, antes de ajudar o babaca ao seu lado"?[1] Ou já ouviu a expressão "Se você é um babaca consigo mesmo, como conseguirá deixar de ser um babaca com os outros?"[2] Este é o momento em sua jornada em busca do cara legal em que abordamos uma questão fundamental, uma pergunta que seus pais lhe fizeram (ou pensaram em fazer) inúmeras vezes:

Por que você está sendo tão babaca?

Talvez você tenha bons motivos. Seu cérebro ainda em desenvolvimento faz com que seja difícil resistir à pressão dos colegas e exercer o autocontrole. Os hormônios podem ser mais fortes que o bom senso. Exercitar sua independência em ascensão naturalmente causa problemas familiares. Ou talvez essas não passem de desculpas. Afinal, nem todo cara da sua idade é um babaca, não é mesmo?[3]

A questão é: onde quer que esteja na jornada de babaca para cara legal, você pode melhorar se:

1 – Parar de se sabotar.

2 – Deixar que as pessoas o ajudem.

3 – Ser homem o bastante para dizer não ao comportamento babaca.

---

1 Eu não voo muito, mas tenho certeza de que o aviso é assim.

2 Essa poderia ser eu.

3 Essa não é uma pergunta retórica. Por favor, pense.

QUAL É O SEU PROBLEMA, BABACA?

HÁ MUITO ACONTECENDO com seu corpo e seu cérebro neste momento, mas no final das contas você é um ser humano autônomo consciente com a capacidade de controlar como essas mudanças afetam a si e os outros. Se você percebe que está agindo como um babaca, pergunte a si mesmo se pode ser porque se sente um merda. Caso seja possível, pense em por que se sente um merda e avalie quais mudanças pode fazer para deixar de se sentir assim e, com sorte, deixar de agir como um babaca.

DEZ PERGUNTAS A FAZER A SI MESMO
QUANDO SE SENTIR UM MERDA

1 – *Estou dormindo o suficiente?* Você pode ser jovem e saudável o suficiente para virar a noite de vez em quando, mas não transforme isso em um hábito. Segundo a Convenção de Genebra, privação de sono é tortura. Por que você faria isso a si mesmo?

2 – *Estou comendo o suficiente?* Seu metabolismo está mais acelerado agora do que em qualquer outro momento. Aproveite enquanto dura. Se pegar pesado na musculação, lembre-se de reforçar a ingestão de comida. E também veja o que está comendo, e melhore. O que você come realmente faz diferença. Um homem não pode viver apenas de Hot Pockets.

3 – *Estou pegando alguma coisa?* Sente dor de cabeça? Dores musculares? Como vai o seu estômago? A garganta? Hum. Confira a temperatura. Caso esteja doente, fique em casa e descanse em vez de ser aquele babaca que se acha importante demais para ficar em casa e acaba se tornando o Paciente Zero, contaminando a população. ATENÇÃO, POR FAVOR. Se houver *qualquer* possibilidade de que tenha uma concussão, faça um exame de imagem. Tipo, agora. Sem brincadeira. Lembre-se: você tem apenas um cérebro.

4 – *Estou bebendo, fumando, usando* vapes *ou tomando alguma merda que me faça sentir um merda?* Pare o consumo e veja se começa a se sentir melhor.[4] Caso não consiga parar, terá de pedir ajuda a alguém — alguém equilibrado, não um dos seus companheiros de copo.

---

4 Além de se sentir fisicamente melhor, não terá de se sentir mal por causa de nenhuma nova babaquice sob a influência disso. Um bônus!

5 – *Quando foi minha última pausa de games/redes sociais/pornografia/merdas na internet?* Você pode precisar de uma folga para deixar o cérebro reiniciar. Dê um tempo ao seu cérebro. Se a sensação for boa, tente mais um dia, e veja como funciona. Caso não consiga dar uma folga de um dia, significa que as telas se tornaram seu chefe. Converse com um conselheiro ou com um adulto de confiança. Não sinta vergonha. Isso acontece. Muito.

6 – *Quando foi a última vez em que tomei banho e fiz a barba?* Se tiver de pensar é que foi há tempo demais. Mãos limpas e hálito fresco não passam despercebidos.

7 – *Quando foi a última vez em que saí?* Ficar ao ar livre é bom para os seres humanos, e posso provar. Evidência A: É ciência. Ar fresco e vitamina D fazem... Algo que o deixa mais feliz e concentrado. Evidência B: Há 70 zilhões de poemas sobre o efeito restaurador da natureza sobre a alma. Muitos desses poemas são horríveis, mas ainda assim inspiradores. Caso encerrado.

8 – *Quando foi a última vez em que conversei pessoalmente com outro ser humano?* Mesmo que não sinta vontade, obrigue-se a sair daí. Insista até conseguir. No mínimo sairá de dentro da sua própria cabeça e estabelecerá uma conexão humana. Na melhor das hipóteses, esse ser humano o ajudará a ter uma noção mais ampla das coisas.

9 – *Quando foi a última vez em que fiz exercícios?* Sempre há algum novo estudo dizendo quantos minutos por dia de atividade e em qual frequência cardíaca são o ideal, mas não é isso que importa. O importante é escolher um exercício de que goste o suficiente para fazer regularmente, e então fazer.

10 – *Quando foi a última vez em que fiz algo divertido?* Realmente divertido... O tipo de diversão sobre a qual você conversará com seus amigos quando se encontrarem em dez ou vinte anos. Você sabe que esse tipo de diversão não acontece por acaso. Alguém precisa dizer: "Ei, vamos fazer aquela coisa que gostamos de fazer, com pessoas com quem gostamos de estar!" Faça-se um favor, e seja esse cara. Todo mundo adora esse cara!

Há uma boa chance de que cuidar melhor de si mesmo em duas ou três dessas áreas fará toda a diferença. Caso contrário, ou caso se sinta tão merda que não consegue se animar a melhorar nem um pouco em qualquer uma dessas categorias, você pode estar deprimido. Por favor, peça ajuda a alguém que realmente possa ajudá-lo.[5]

---

5 Quanto mais cedo melhor, por favor, caro leitor. Você sabe que eu me preocupo.

TÁ MALUCO, CARA?

OS HOMENS TÊM sentimentos. E na sua idade, esses sentimentos podem ser poderosos. Mas mesmo que esteja com raiva ou muito triste, não comece a agir como um babaca. Em vez de se afundar em sua própria raiva, tente adotar uma postura mais produtiva. E eu também preferiria se escolhesse um método para recomeçar que não tenha o potencial de arruinar a sua vida ou a de alguém mais.

IDEIAS MUITO BOAS PARA SUPERAR A RAIVA	PÉSSIMAS IDEIAS PARA SUPERAR A RAIVA (POR FAVOR, NÃO FAÇA NADA DISTO.)
malhação pesada	drogas ou álcool
música no máximo	direção irresponsável
projetos criativos	autodestrutividade
diversão prazerosa[6]	crueldade

QUADRO 11: *Como não se autodestruir*

É normal ter um dia muito ruim, uma semana péssima, e, às vezes, infelizmente, um mês ou até mesmo um ano realmente difícil. Se a sua situação frustrante for temporária, concentre-se na luz no fim do túnel e faça o que puder para seguir em frente.

---

[6] Esclarecimento: com "prazerosa" eu não quero dizer pornografia.

SOCORRO, VOCÊ PRECISA DE ALGUÉM

ÀS VEZES É difícil até mesmo seguir em frente. Um coração partido, doença ou ferimentos, problemas financeiros, dificuldades em casa ou no trabalho — essas coisas podem demorar a ser superadas.[7] Não dificulte as coisas para si mesmo sendo o tipo de babaca que afasta exatamente aquelas pessoas que podem ajudá-lo a seguir em frente.

O que você acha que sabe

O que você acha que as outras pessoas sabem

O que você realmente sabe

O que as outras pessoas realmente sabem

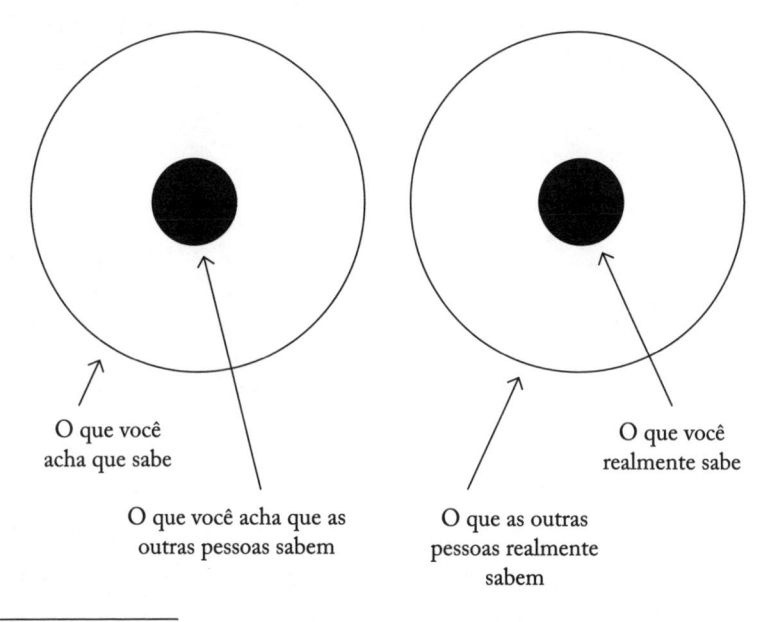

IMAGEM 13: *Por que você deveria deixar que outras pessoas o ajudem*

Para superar uma situação difícil, você precisará começar com um plano — não um plano vago e genérico como "Arrume um emprego" ou "Melhore na escola". Esse é o tipo de coisa de criança que você escreve em uma cápsula do tempo no jardim de infância. Estou falando de primeiros passos concretos em sua vida, como "Fazer um currículo, embora eu não tenha experiência de trabalho e não saiba que tipo de emprego posso conseguir", ou "Descobrir uma forma melhor de estudar, porque estou gastando horas todo dia com esta merda e a matéria continua não fazendo nenhum sentido."

---

7 Papo sério: Não é justo quando alguém da sua idade encara tantos problemas que sua única escolha é se tornar um fracasso ou se tornar uma inspiração, mas eu realmente torço para que escolha a inspiração.

Adivinhe quem sabe escrever um currículo sem experiência de trabalho? Todo adulto que tem um emprego. Adivinhe quem tem ideias diferentes de como aprender a mesma coisa? Professores. E sabe quem não ficaria nada surpreso com qualquer problema humano e é ótimo em guardar segredos? Enfermeiras, médicos, conselheiros e líderes religiosos. Mesmo que sinta estar sozinho em sua luta, há pessoas em sua vida que querem ajudá-lo. Em vez de agir como um babaca padrão e afastar todas elas, experimente lhes contar o que está acontecendo para que possam ajudá-lo a descobrir como melhorar as coisas. Mesmo uma pequena melhoria pode lhe dar alívio suficiente para produzir a próxima grande mudança, então vá em frente e comece a buscar ajuda. Se você não estender a mão, como alguém poderá pegá-la?

RECUPERAÇÃO

SEJAMOS HONESTOS: TODOS somos um pouco babacas às vezes. As pessoas cometem erros todos os dias. Eu faço isso, e você também fará. Mas agora que sabe as regras do jogo, não pode simplesmente fingir que não aconteceu. Então, quando ferrar tudo, não hesite em tentar a recuperação do cara legal.

- Encare as consequências. Não seja um cretino.

- Descubra quem você magoou. Lembre-se: pode ser mais de uma pessoa.

- Resolva as coisas com cada uma das pessoas que magoou, de um modo que seja importante para elas, e não fácil para você.

- Decida que agirá diferente da próxima vez. *E leve a sério.*

Coisas que não ajudam: inventar desculpas, atacar terceiros, desistir e se tratar com um merda — mesmo que mereça.

*

Babacas cometem "equívocos" e tentam fugir das consequências.

Não babacas pedem desculpas.

Caras legais fazem o que é certo.

ENCARE, DE VERDADE

SER UM CARA legal nem sempre é fácil. Lamento mesmo que não tenha em sua vida um exemplo de cara legal. Se as pessoas ao seu redor se acostumaram a fazer as coisas do jeito babaca, podem ser apanhadas de surpresa quando você começar a ignorar suas sugestões babacas e começar a se comportar como um cara legal. Podem se sentir ameaçadas ou julgadas. Podem chamá-lo de frouxo ou mulherzinha. Se o fizerem, isso reflete em que ponto elas estão em suas jornadas de cara legal, *não* onde você está na sua.

Se há uma coisa de que você precisa se lembrar é a seguinte: *A reação de nenhum babaca pode mudar a atitude de cara legal que deve ser tomada.* Então, faça de qualquer maneira. Esse é o significado de "encare". Significa que você tem de ser seu próprio exemplo inspirador, impressionante, estelar — e um exemplo para os outros. Quem sabe? Talvez as pessoas o estejam apoiando, e nem mesmo saibam. Talvez alguns dos seus parceiros secretamente queiram ser caras legais também.

ALERTA DE BABACA

✽

Tratar caras legais como lixo.

COMO CONSEGUIR

ESSA FOI UMA longa caminhada. Então, caso sua desculpa para continuar sendo um babaca é que ser um cara legal é difícil e complicado demais, eis uma revisão rápida de como usar seu auge de beleza jovem e sua nova voz masculina com autoridade para o bem. Eu lhe garanto, não é assim tão difícil, e decididamente é muito mais fácil do que levar a vida como um permanente babaca incorrigível.[8]

1 – Não fique parado quando um babaca está fazendo babaquices.

✵ "Isso não é legal."

✵ "Não é uma boa ideia."

✵ "Cara, o que você está fazendo?"

2 – Não finja que não há outros seres humanos.

✵ "Vá em frente, você chegou primeiro."

✵ "Desculpe-me. Lamento por isso."

✵ "Cara, as pessoas estão ouvindo você."

3 – Lembre-se de que as mulheres também são seres humanos, sinta-se você atraído por elas ou não.

✵ "Você também leu aquela matéria? O que achou?"

✵ "A prova estava impossível. A questão número três era sobre o quê?"

✵ "Cara, você só está repetindo o que a Hayley disse. Dê o crédito a ela."

4 – Fale quando vir um ser humano com um problema que você pode resolver.

✵ "Com licença, você deixou cair algo."

✵ "Posso pegar para você?"

✵ "Cara, limpe o rosto."

---

[8] A lista tem quatro itens. Tenho certeza de que consegue citar pelo menos quatro Vingadores, então pare de choramingar e prossiga com o programa.

Tenha a coragem de ser um cara legal no mundo, não apenas no seu coração. Lembre-se:

Pensamentos podem facilmente se tornar palavras.
Palavras logo podem se tornar ações.
Ações fazem de você um cara legal.
Caras legais tornam o mundo melhor.

Prova final
(Resultando em aprovação ou reprovação)

✱

As outras pessoas são seres humanos?

❏   ❏
SIM   NÃO

10

SIMPLESMENTE
NÃO SEJA

NÃO . . .				
se vicie em apostas on-line.	vista a mesma calça durante três dias seguidos.	se esqueça de escrever um bilhete de agradecimento.		caia de um penhasco.
experimente heroína. Ou anfetamina. Ou *crack*. Ou ácido. Nem uma vez sequer.	se esqueça de lavar as mãos.			minta.
trapaceie.	roube.	bata com o carro de alguém.		se esqueça de ligar para os seus pais.
diga sim para coisas que o fazem se sentir estranho.		deixe acumular a roupa suja.		toque as pessoas sem permissão.

NÃO . . .

beije alguém e conte para todo mundo.	🚫	esqueça o guarda-chuva.	finja não se importar.
beba já estando bêbado.	seja um pilantra.	seja mão de vaca.	viva acima dos seus recursos financeiros.
esqueça os aniversários da família.	tire fotos do seu pau.	🚫	se subestime.
se superestime.	se vicie em pornografia.	incline a sua cadeira.	arraste os pés.

NÃO . . .

faça nada que não queira que as pessoas descubram.	falsifique uma identidade.	tussa ou espirre sem cobrir a boca.	faça promessas que não possa cumprir.
se esqueça do fio dental.	hesite em ajudar.	aja como se não doesse.	🚫
deixe que seus amigos dirijam bêbados.	🚫	confunda ser bem-sucedido com fazer o bem.	seja um mau ganhador.
seja um mau perdedor.	ache que passar mais desodorante substitui um banho.	espere que alguém faça algo primeiro.	apareça de mãos vazias.

NÃO . . .			
seja preso.	engravide alguém "acidentalmente".	pegue mais do que precisa.	amenize atitudes erradas.
durma ao volante.	🚫	conte um segredo de alguém.	beba refrigerante demais.
desperdice a sua vida.	tenha medo de ficar entediado.	convença as pessoas a fazer o que não querem.	se esqueça do protetor solar.
surte por falta de sono.	mande mensagens de texto enquanto dirige.	🚫	diga a uma mulher para "se acalmar".

NÃO...

espere até o último instante.	desça ao nível deles.	espere que alguém arrume a sua bagunça.	se esqueça de beber água.
abra algo rasgando com os dentes.	espere demais para pedir ajuda profissional.	seja o cara que não pisa na pista de dança.	confunda trabalho duro com sorte.
deixe ninguém na mão.	fique nervoso ao volante.	🚫	se esqueça de fazer a barba.
caia sem lutar.	deixe os seus para trás.	seja atropelado.	seja sequestrado.

NÃO . . .

seja ingrato.	seja cruel com animais.	contraia raiva.	esqueça os modos.
seja falso.	suponha.		piore as coisas.
saia de cabelos molhados.	fale mais do que escuta.	seja tímido.	esqueça de mastigar.
seja frio demais para se divertir.	use drogas.	cometa crimes.	perca a vacina da gripe.

NÃO...

leve às últimas consequências.	desista cedo demais.	deixe o assento levantado.	acredite na propaganda.
aja como se não tivesse percebido.	coloque em risco os seus neurônios.	dirija como um maluco.	esqueça o cinto de segurança.
pegue mais do que dê.	desconte em alguém.	🚫	coma muita comida congelada.
se agrida — faça um plano para melhorar.	fique sozinho.	esqueça quem o ama.	**Apenas deixe de ser babaca.**

AGRADECIMENTOS

Para começar, eu reconheço que posso ser muito babaca. Mas seria muito mais se não aproveitasse a oportunidade de agradecer a vocês.

Matthew Benjamin teve a ideia deste livro, literalmente o transformou no que você vê aqui e o colocou no mundo. Monika Verma foi a primeira pessoa que achou que eu deveria escrevê-lo. Julianna Miner se assegurou de que eu o faria, a cada passo. Obrigada a cada um de vocês, do fundo do coração.

Obrigada também ao esquadrão de mães por seu estímulo, sua sabedoria e suas palavras dirigidas a este esforço: Lynda Ray Austin, Kim Bongiorno, Jennifer Barnes Eliot, a fabulosa Amanda Hill, Susanne Kerns, Julianna Miner, Vikki Reich, ALEXANDRA ROSAS, Nicole Leigh Shaw, Alicia Steffann, Maureen Stiles, Emily A RAINHA Tickle Thomas e Becky Woomer. Vocês sabem que seus filhos não são os únicos com a sorte de tê-las em sua vida.

Se você pegou este livro e olhou para ele por mais de dez segundos, foi por causa do projeto gráfico de Jan Derevjanik. Obrigada, Jan. Agradecimentos adicionais à equipe da Rodale, da Penguin Random House: Danielle Curtis, Ian Dingman, Phil Leung e Terry Deal.

Um agradecimento a todas essas pessoas muito gentis que, ao receber uma versão ou uma parte deste livro, fingiram estar interessadas e disseram coisas gentis: Bianca Bishop, Cynthia Conner, Rosalyn Linshaw, Kathy Miller, Sally Pasquantonio, Lisa Salerno, John Seebach e Dana Silverman. Cada uma delas acha que não fez nada, mas fizeram.

E finalmente, obrigada à minha família. Eles suportaram muito. Obviamente.

Direção editorial
Daniele Cajueiro

Editora responsável
Ana Carla Sousa

Produção editorial
Adriana Torres
Mariana Bard
Júlia Ribeiro

Revisão de tradução
Thaís Carvas

Revisão
Daiane Cardoso

Projeto gráfico
Jan Derevjanik

Diagramação
Futura

Este livro foi impresso em 2020
para a Agir.